Franz Xaver Jann

Herr Probst Wittola und Herr Doktor Aloys Merz in einem

Zweikampfe vorgestellt,

mit einem Anhange wider den sogennanten Prediger- und Phantasten

Allmanach

Franz Xaver Jann

Herr Probst Wittola und Herr Doktor Aloys Merz in einem Zweikampfe vorgestellt,
mit einem Anhange wider den sogennanten Prediger- und Phantasten Allmanach

ISBN/EAN: 9783743647336

Hergestellt in Europa, USA, Kanada, Australien, Japan

Cover: Foto ©ninafisch / pixelio.de

Weitere Bücher finden Sie auf **www.hansebooks.com**

Herr Probst Wittola,

und

Herr Doktor Aloys Merz

in

einem Zweykampfe

vorgestellet,

{✢}════════════════════{✢}

mit einem Anhange wider den sogenannten
Prediger= und Phantasten Allmanach

von

einem wahren, wahrhaft katholischen
Oesterreicher.

Preßburg
1783.

An
Herrn Probst Wittola.

Mit Ihnen spreche ich, gepriesner Mann!
Der, wenn man Wut für Witz erkennet,
Und wenn man Lästern Siegen nennet,
Beständig nichts, dann siegen kann.

Nothwendiger Vorbericht.

Etwas neues zimlich lang nach dem Eingange des neuen Jahres! Du wirſts noch nicht wiſſen trauter Leſer, und wirſts mir auch auf mein Wort nicht glauben, was dem berühmten Herrn Domprediger zu Augsburg, Herrn Aloys Merz, am Ende des verfloſſenen Jahres Uebels geſchehen iſt.

Der beherzte Mann, der unüberwindliche Beſchützer unſrer heiligen Religion, der bisher immer die kühneſten, und aufgeklärteſten Glaubensgegner, und Feger beſiegte,

der

der nach dem Zeugniß der ganzen ehrlichen
Welt einen Schade, einen Fidler, einen
Jerusalem, bissige Recensenten, und zuletzt
ein Paar katholische Oesterreicher Cremeri,
und Eybel zu Ruhe legte, der rechtschaf=
fene Merz ist nun auf einmal (o des rüh=
renden Anblickes) auf einmal in Sack ge=
schoben, in einen Sack, an dem alle seine
Gegner bisher umsonst gearbeitet, gestricket,
genähet, und gewebet haben. Und der
Held, der unsterbliche Sackbinder, der end=
lich mit seinem Sacke, und mit Merzen fer=
tig ward, ist der fürchterliche Mann, der
bekannte Riesenbezwinger, der katholische Pfar=
rer, und Probst, der Toleranzheld, die
Sonne der Aufklärung, der Notenmacher
Herr Wittola.

Daß aber doch der gute Herr Merz
so kühn, und unvorsichtig war, mit einem
Manne anzubinden, von dem er nichts als
einen Sack erwarten konnte? Wittola
(mit einem heiligen Schauder schreibe ich
diesen

diesen Namen hin) Wittola fand in Merzens
Predigt über die Toleranz so allerley anstö-
ßige Dingerchen, gefährliche Sätze, Schriftverfälschungen, biblische Schnitzer, und sogar (horresco referens) Gottes, und Apo-
stellästerungen, die Unser einer, da wir arme
Leute sind, freylich mit dem größten Vergrö-
ßerungsglase nicht entdecken kann. Was war
nun natürlicher, als daß der seeleifrige
Probst aus warmer Liebe gegen seinen Nebenmenschen, und aus angebohrner Beeife-
rung für die Aufklärung, Merzens gefährliche Rede mit hochgelehrten Anmerkungen
beleuchtete, dem Publikum, auch der Klasse
der Gelehrten, besonders den Censoren des
schlimmen Dompredigers den Staar zu ste-
chen, und ihnen zu zeigen, mit welchen
Augen man Merzens Werke lesen und beur-
theilen müsse. Denn Wittola allein sieht
Dinge, die sonst Niemand sieht, der nicht
mit einigen seiner Zöglinge das Glück hat
durch seine Brille zu sehen. Sage mir nun

A 3

trau-

trauter Leser, hätte sich Herr Merz für dieses Freundstück des größten Theologen nicht
höflichst bedanken, hätte er sich nicht wie
ein Mäusgen, das den grimmigen Katter
auf sich losgehn sieht, in den tiefesten
Schluffwinkel verkriechen sollen? — Allein,
was thut die Rechthaberey nicht, besonders
wenn unser einer gewiß weiß, daß er recht
hat, wie es Herr Merz wußte? — Dieser,
wie er immer das Herz am rechten Flecke
hat, grief den Riesen unverzagt an; er un-
terstand sich an seinen fürchterlichen Gegner
53 sehr wichtige Fragen zu stellen. Um des
Himmelswillen welche Dreistigkeit! an den
tolerantesten Mann — an den größten Kriti-
cker — an einen Erztheologen wie an einen
Schulbuben 53 ganze Fragen, und Fragen
von größter Wichtigkeit! Und 53 Fragen
zu verdauen — nein einen so starken Magen
kann ich dem duldsamen, dem sanftmüthi-
gen Wittola nicht zumuthen: es mußte ihm
die Galle übergehen: er mußte sich aufraffen,

nicht

nicht die 53 Fragen zu beantworten, son=
dern, ohne selbe zu berühren, Merzen in sei=
nen menschenfreundlichen Sack zu schieben.
— — Damit du³ aber weißt Leser, in Sack
schieben heißt so viel, als seinen Gegner so
gründlich widerlegen, daß er kein Wörtgen
mehr dawider sagen kann. — Und das that
Wittola? — Du wirsts mir nicht glauben
Leser, wenn ich ja sage: und du thust recht
daran. Aber Geduld! Beweisen will ichs,
so gründlich beweisen, als der Atheist be=
weißt, daß es keinen Gott giebt, als der
Indifferentist, daß Gott eine jede Religion
gleichgiltig ist, als Wittola, daß die Jesui=
ten den Probabilismus, die Lehre vom
Tyrannenmorde, von der Nothwehre er=
funden, unterstützet, und verbreitet haben.
Wie stark aber diese Beweise sind, wird ein
jeder vernünftiger Leser, dem es je nicht,
wie den Beweismachern, ein Paar Finger
oder der Nase, oder im Herze fehlt, auf
den ersten Blick einsehen. — Wohlan dann zur

A 4   Sache!

Sache! — Aber stille! Störe mich Niemand! Zum Beweisen muß der Kopf eine mathematische Lage, und zu dieser eine ungestörte Ruhe haben.

I. §.

Herr Wittola behauptet in seinem dritten katholischen Schreiben über die Toleranz S. 63, Herr Merz hätte seinen 53 Fragen ein sehr grobes Schreiben an Herrn Sonnleithner Buchdrucker in Wienn beydrucken lassen. Er beschuldigt ihn einer in ihrer Verzweiflung blind um sich schlagenden Rechthaberey, und daß er wider die Sitte der Deutschen gehandelt hätte, weil er statt der Antworten auf die Einwürfe seines Gegners mit Fragen aufgezogen wäre, mit Fragen, die nichts dann arge, und wegen der Wiederholungen abgeschmackte Zumuthungen enthielten, und also keiner Antwort würdig wären.

Dieß

Dieß haben wir verstanden: aber Beweise, Beweise wollen wir haben! Nur Geduld meine Herren! nicht so mißtrauisch auf Herrn Wittola! Wie beweißt er dann also, daß Merzens Schreiben an Herrn Sonnleithner sehr grob war? Mit keiner Syllbe. Aber wer ist so kühn, daß er von Wittola in diesem Stücke einen Beweis fodert? Von Wittola, der als Erztheolog der utrechtischen Kirche immer unfehlbar ist, wenn er wider Jesuiten schreibt. Ich las zwar das Schreiben des Herrn Merz ein, zwey, dreymal mit größter Aufmerksamkeit, und fand so viele Bescheidenheit darinn, daß ich mich verpflichten will, für einen jeden groben Ausdruck, den man mir darinn zeigt, einen harten Thaler zu geben. Aber zu was nützt dieß? Wenn gleich dieß Schreiben in sich selbst das bescheidenste ist, so muß es doch in der That sehr grob seyn, weil es Herr Wittola gesagt hat, der untrügliche Mann, der die allerliebste Kunst besitzt, die winzigsten Schnacken auszubalgen, und die größten Kameele zu verschlingen. Dieß ist dann der erste Beweis.

Daß

Daß Merzens Rechthaberey in ihrer
Verzweiflung blind um sich schlage, führt
Wittola folgende Beweise an. Erstens, weil
Herr Merz an Herrn Sonnleithner ein sehr
grobes Schreiben drucken * ließ, und den
Herrn Buchdrucker durch Ankündung der Fehde
der fürchterlichsten Gesellschaft abschrecken wollte,
ferner solche Schriften, die von Wittolas Schlage sind, zu verlegen. Zweytens, weil Herr
Merz sein grobes Schreiben nicht unmittelbar
mit einem geschriebnen Briefe an Herrn Sonnleithner gerichtet hat, von dessen Hause Herr
Merz sogar die Numer wußte. Drittens, weil
die Freygebigkeit des Verlegers der merzischen
Fragen so weit gieng, daß Herr Wittola in
einem zweymal mit dem Namen Jesu be-
siegelten Packete einen zweyten Abdruck erhielt,
mit einer Aufschrift, die von einer wahren, oder
gut nachgeäfften Weiberhand sehr unrichtig ge-
malet war.

Nun urtheilen sie meine Leser, ob Herr
Merz nicht wirklich in Sack geschoben, ob dieß
nicht

* Sieh den ersten Beweis.

nicht recht geometrische Beweise einer verzwei=
felten, und blinden Rechthaberey seyn.
Ist es nicht Verzweiflung, einem Buchdrucker
einen sehr groben Brief schreiben? Ist es
nicht blinde Rechthaberey, selben von der
Ausgabe so liebvoller, und zuckersüßer wittolai=
scher Schriften abschrecken wollen? Von der
Fehde der fürchterlichsten Gesellschaft fand
ich zwar in Merzens Schreiben, eben so
wenig, als von Grobheiten; dieß thut aber
der Sache nichts. Wittola, der immer doppelt
sieht, wirds doch gefunden haben. Ists nicht
stockblinde Rechthaberey, wenn ich Jemand
anderm, den ich nicht so wohl kenne, einen Brief
größerer Sicherheit halber durch einen bekannten
Freund zustellen lasse? Ists nicht endlich der
höchste Grad der Rechthaberey, wenn ich so
gar die Hausnumer des Buchdruckers weiß?
Und wenn erst Jemand wider mein Wissen,
und Willen so böse ist, daß er meinem Gegner
meine Antwort und zwar NB mit einer Wei=
berschrift, und zweymal mit dem Namen Jesu
besiegelt zusendet? O! dann sind die Umstände
besonders bey einem Rigoristen so erschwerend,
daß ich viel zu wenig sage, wenn ich so ein

Ver=

Verfahren geradhin nur blinde Rechthaberey
nenne. Sie haben vollkommen recht Herr Probst
van Vitula! * solche Bewegungen (besonders, wenn ich gar nichts davon weiß) haben
den natürlichen Gang der Wahrheitsliebe
nicht. ** Wer mir einen Brief zuschreibt,
der allen Christenseelen höflich, nur einer einzigen sehr grob scheint, den halte ich für einen
verzweifelten Kerl. Wer so verwegen ist, daß
er so gar meine Hausnumer weiß, und mir
einen Brief doch nicht unmittelbar zuschickt,
der ist vom finstern Geist der blinden Rechthaberey durch und durch besessen; und wer
mir, da ich eben unwissend Gift trinken will,
warnend zuruft, trink nicht, es ist Gift darinn,
der schlägt in seiner Rechthaberey recht verzweifelt
und blind um sich her. Gerad so machte es
Merz, da er dem Herrn Sonnleithner zusprach,
er sollte sich von dem Verlage so giftiger Schriften hüten; also ist er einer in ihrer Verzweiflung blind um sich schlagenden Rechthaberey so
klar

---

* So schrieb das wahre, oder gut nachgeäffte Frauen-
enzimmer.

** Sind die Worte des Herrn Probsts.

klar überwiesen, als zweymal zwey fünf ist. Grundgelehrter Wittola! wenn du fortfährst, solche Beweise aufzubringen, so wirst du zuletzt noch Chimären ausbrüten, und die beherzteften alten Müttergen zittern machen. Dieß ist nun der zweyte Beweis.

Wittola fährt fort zu beweisen, und wird noch lange fortfahren; denn wer einmal in die Gewohnheit zu beweisen so tief hineinkömmt, wie der Herr Probst, der beweißt uns kurzsich= tigen Geschöpfen zuletzt, daß eine Mücke ein Elephant, und eine Perücke ein Strohdach sey.

Es sey bey uns Deutschen nicht Sitte, sagt Herr Wittola, daß ein angegriffener Autor mit Fragen aufziehe, sondern daß er auf die Einwürfe seines Gegners ant= worte. Die 53 Fragen des Herrn Merz enthalten nichts, als arge, und wegen der Wiederholungen abgeschmackte Zumu= thungen. Kurz, und gut! solche Dinger heißt man Machtsprüche, meine lieben Leser, und für so dumm kann ich euch nicht halten, daß ihr nicht wissen solltet, daß Machtsprüche

bey

bey unfern aufgeklärten Zeiten fchon felbft Beweife find. Wenn ich alfo zum Beyfpiel fage:
Eine jede Religion ift Gott gleichgiltig. Es
ift nicht erlaubt, unfere irrenden Brüder
in den Grundfätzen ihrer Religion zu ftö-
ren. Man muß nicht fuchen Profelyten zu
machen, und das Reich Chrifti zu erweitern.
Es giebt in der Kirche keine Subordination,
ein jeder Bifchof ift fo viel, als der Papft.
Die Ordensftände taugen der Kirche nichts.
Wer wird dann fo dreift feyn, daß er Beweife
fordert; befonders, wenn die Machtfprüche wider Jefuiten, des unfeligen Andenkens, losbrechen,
wenn man ohne alle Gnade, und Barmherzig-
keit, ohne alle Ausnahm fagt: fie feyn Un-
ruheftifter, Königsmörder, Verräther, blutdur-
ftige Leute, Lariften, Verderber der Sitten,
der Religion, der Wiffenfchaften gewefen? —
Sehet nun, meine lieben Lefer! diefe Machtfprüche wären lauter unumftößliche Beweife,
und dabey dürfet ihr, unter uns geredt, freylich in der Stille denken, die Herrn Macht-
fprüchler, da fie dieß fagten, oder fchrieben,
haben eben ihre Vernunft um ein Paar Pfen-
ninge

ninge im Leihhause gehabt , aber sagen därft
ihr kein Wörtgen dawider , sonst beweisen sie
euch mit einer Legion neuer Machtsprüche oder
Beweise , daß ihr Intoleranten , Misanthropen,
Phantasten , Allfanzen , oder zur größten Gnade
Pedanten , und Esel seyd , oder man mißt euch
gar ein gewißes Maaß von Ohrfeigen , und
Fußtritten aus , wie es neulich ein gewißer Exjesuit erfuhr , dem ein sicherer Schmierer , seine
sanftmüthige Lehre , man sollte Niemand arges wünschen , praktisch zu erfüllen , so viele
Ohrfeigen und Fußtritte freygebigst anschaffte ,
als dieser wider den erhabnen , unsterblichen Eybel
Verse geschrieben hätte. Der armi Exjesuit ,
wie ich höre , tröstet sich noch mit der Hoffnung,
der gutherzige Ohrfeigenverleger werde um ein ,
und das andere Dutzend mit sich handeln lassen.
Nun , dieß war so ein kleines Episod zu eurer
Warnung meine Leser , und daraus müßet ihr
schliessen , daß Herr Wittola durch ein Paar
Machtsprüche mathematisch bewiesen habe , was
er wider Herrn Merz behauptet.

    Keine Einwendung , großer Herr Wittola,
nur ein Paar Zweifel habe ich , und eine klein
                                            Bitte

Bitte dazu, daß sie als duldsamer Menschen-
freund mich armen Ignoranten darüber beleh-
ren wollen. Sie haben bewiesen, es wäre
wider die Sitte der Deutschen, statt der
Antworten mit eiteln Fragen aufzuziehen.
Mein alter Schulmeister, Gott tröste ihn,
sagte mir einmal, es wäre ein Sprüchwort bey
den Deutschen : Eine Frag ist auch eine
Antwort. * Exempli gratia, sagte er mir:
posito, daß dir dein Vater etwas unrechts,
und sündhafts befehlen thut, und du thust ihn
fragen : Vater, muß ich dann Gott nicht mehrer gehorsamen als euch? sieh, so gilt diese
Frag auch für eine Antwort. Und wenn dir
Einer etwas stiehlt, wenn er dich lästert, wenn
er dir deinen guten Namen raubt, und wenn
du ihn fragst : Bist du nicht ein loser Dieb,
bist du nicht ein Lästerer, bist du nicht ein bos-
hafter Verleumder, und Ehrabschneider? sieh,
so heißt es eben so viel, als wenn du geradhin
sagtest, du bist ein loser Dieb, du bist ein Lästerer ꝛc. und so ist das deutsche Sprüchwort zu
ver-

---

* War die Frage des Erlösers, warum schlägst du
mich? nicht auch eine Antwort?

verstehen: Eine Frag ist auch eine Antwort.
Und 53 Fragen, sagt mir itzt meine gute alte
Logik, können auch für 53 Antworten gelten.
Hierüber dann, und was die Sitte der Deut=
schen betrifft, bitte ich mir eine kleine Beleh=
rung aus. Aber seyn sie doch gnädig, strenger
Herr Wittola, und beweisen sie doch nicht,
daß mein alter Schulmeister, der gutdeutsche
Mann, ein Esel gewesen sey: es würde ihm
noch im Grabe wehe thun.

Itzt, was die Wiederholungen der nämli=
chen, oder ähnlichen Fragen betrifft, da habet
sie, wie allemal, vollkommen recht. Es ist ge=
wiß eine abgeschmackte Sache, und thut ganz
ärgerlich wehe, wenn man einen immer auf das
alte Plätzgen schlägt, und ich kanns einem
Metzger nicht verzeihen, daß er einem starken
Ochsen, wenn er das erstemal nicht fällt, immer
mit dem alten Schlagbeile auf den alten Fleck
neue Streiche giebt. Dieß heißt meiner Ehre
sehr intolerant gehandelt.

Daß die abgeschmackten Fragen des Herrn
Merz arge Zumuthungen enthalten, die der
B   deutsche

deutsche Leser wider Sitte für gründliche Antworten aufnehmen könnte, dieß ist ebenfalls unläugbar. Sie sind so unglücklich, unschuldiger
Herr Wittola, daß manche Leute mit allem
Grunde so viel arges von ihnen vermuthen.
Was nur Wahrmund, und andere dergleichen
schlimmen Leute wider Sie in den hellen Tag
hineingesagt haben! Es ergeht ihnen, wie einem gewißen Manne, der gewißer Ursachen halber überall verhasset war. Jedermann ver-
folget mich, sprach er, aber ich bin auch
darnach. Doch haben sie bey allen diesen Verfolgungen ein so bescheidenes, und sonderbares
Naturell, daß sie entweders über die augen-
scheinlichsten Beweise wider sie gar nicht antworten, oder die alten Lügen großmüthigst in
neue Model gießen, und für neu verkaufen.
Zudem haben sie einige gutherzige, ich weiß
nicht, gedungene, oder ungedungene Lobredner,
die ihnen auch in öffentlichen Zeitungsblättern
unter den Aufklärern unsres Jahrhunderts einen
erhabnen Platz einräumen, und ihre Gegner mit
den gründlichsten Demonstrationen, dieß ist,
mit lauter Machtsprüchen zu tiefest in die Klasse

der

der Schuhputzer hinuntersetzen. Dieß muß ja für ihre verfolgte Seele ein unsterblicher Trost seyn; kein Wort von dem zu melden, daß sie den Herrn Merz nun durch den dritten Beweis in Sack geschoben haben, ob sie gleich keine einzige seiner Fragen, viel weniger eine gerade Antwort, die hin und wieder mit einfloß, widerlegten.

II §.

Herr Wittola beweißt nach seiner Art, daß ihm Herr Merz arge Dinge zugemuthet, und angedichtet hat. Z. B. daß er (der Herr Probst) ihn den Herrn Merz, und andere Jesuiten, und Exjesuiten mit den Ehrentiteln unsinnig, Lästerer der Fürsten, Fürstenbetrüger, blutdurstige Leute, Menschenwürger, Menschenverfolger, blinde Lästerer des Weltapostels, Lästerer Christi, Schriftverfälscher, und so weiter beehret hätte. Nun ja so ärgerlich arge Zumuthungen kann der der Herr Probst freylich auf sich nicht liegen lassen; denn solche Ausdrücke wider Leute,

die doch noch ein bißgen Recht zu ihrer Ehre
haben, wären im Munde des niederträchtigsten
Gassenbuben, geschweigens im Munde eines
Probstes höchst schändlich, nichts davon zu mel=
den, daß Ehrabschneidungen, und Verleum=
dungen auch in der Utrechter Kirche, wenigst
theoretisch, verbothen sind. Nein, nein, so
sehr kann sich der duldsame, der liebreiche, der
gewissenhafte Herr Wittola unmöglich vergangen
haben. Aber hören wir ihn selbst, er wirds
beweisen, wie unrecht ihm Merz gethan hat. *
Wer Augen hat, lesen kann, und die an=
gezeigten Stellen nachschlagen will, der
wird hier in neun Worten neun Lügen
entdecken, oder wenigst sieben Lügen (wie
bescheiden er hier ein bißgen etwas nachläßt)
und zwo Verdrehungen. So habe ich
Herrn Merz, und seine Gesellen nirgend
betitelt.

So ists brav. Einer aus beyden hat ge=
logen, Herr Merz, oder Herr Wittola. Nu,
wie wir halt sündige Menschen sind; eine Lüge ist
heraus,

---

* S. 66.

heraus, vor man sich versieht: und dem lieben
Herrn Wittola, soll dieß Unglück (wie es der
schlimme Wahrmund beweißt) schon öfter wi=
derfahren seyn, daß ihm solche nur ein Paar
Centner schwere Dingerchen unversehens entwischt
sind. Aber dießmal — nein, dießmal ist
Herr Wittola gewiß unschuldig. Sagt ers doch
selbst, es brauche nichts, als ein Paar Augen,
seine Noten zu lesen, und Merzens neun Lügen
zu entdecken. Ergo, quod erat demonstrandum, ist Herr Merz schon wieder, und zwar
nach dem untrüglichen Ausspruche des Herrn
Wittola als ein Lügner in Sack geschoben.

Erlauben sie mir, schrecklicher Herr Sack=
schieber, ihre unsterblichen Noten noch einmal
mit aller Ehrfurcht vor diesem Heiligthume zu
durchlesen, nicht zu meiner weitern Ueberzeu=
gung, sondern nur meine Lust zu haben, daß
ich Merzens Lügen der Länge und Breite nach
abmessen kann. Herr Merz schreibt in seiner
Toleranzpredigt : Daß alle drey im Reiche
üblichen Religionen selig machen, dieß sey
der Lieblingssatz der Indifferentisten, und
kein Satz eines wahren Protestanten.

B 3   Ue=

Ueber dieses ärgerliche Zeug rufen sie Sie S. 20. b. in einem billigen Eifer auf : **Merzischer Unsinn !** Und wegen diesem Paar Worte fängt Herr Merz den Lärmen an , sie hätten ihn einen Unsinnigen betitelt ! Nein , da kann Herr Merz nicht recht haben , ich wills ihnen demonstriren helfen, Herr Wittola ! Zum Beyspiel (denn Beyspiele sind immer die beste Beleuchtung) ich sagte also : Diese Aufrufung, **Merzischer Unsinn** , ist eine wittolaische **Eseley.** Daß die Jesuiten gelehret haben , es sey erlaubt , einen ungerechten Angreifer seiner Ehre todtzuschlagen , dieß ist eine *dicke witto- laische Lüge.* Daß die Jesuiten Eskobar , Sanchez, Maskarenhas, Laymann, Busenbaum 2c. die gräulichsten Laster einigermaßen haben in den Himmel übersetzen wollen S. 24 a , dieß ist eine unverantwortliche wittolaische Ver- leumdung , wäre es nicht wider ihre ganze Logik, die ganz auserlesen, und die einzige auf Gottes lieben Erdboden ist , wenn sie daraus schließen wollten, ich hätte sie einen Esel, einen Lügner, einen Verleumder genennet? Nein, nur die Augsburger Logik kann einen so dum-

men

men Schluß machen, und die ist so finster, daß sie sich immer nach ihrer Aufklärungslaterne sehnet. Ich könnte zwar leicht noch mehrere dergleichen Beyspiele anführen; denn in Beyspielen, ohne Ruhm zu melden, bin ich stark; aber meinem lieben Sprüchworte, omne trinum perfectum, zu gefallen, will ich mich mit diesen dreyen begnügen. Sie werden wohl selbst nicht mehrere fodern, bescheidener Herr Wittola, und sie werden mir Dank wissen, daß ich ihnen so bündig beweisen half, daß sie Herrn Merz wegen der kurzen Exclamation: merzischer Unsinn, keineswegs unsinnig genennet haben.

Eben so wenig kann Herr Merz beweisen, daß sie ihm den schönen Ehrentitel eines Fürstenlästerers beyzulegen geruhet haben. Oder wo wollte er wohl einen Beweis hernehmen? Ich lese mir in ihren Noten schier die Augen heraus, und kann doch diesen Ausdruck Fürstenlästerer nirgend finden. Im zweyten Theile seiner Rede sagt zwar Herr Merz von den falschen Propheten, gegen die er gar so unbarmherzig ist: Sie gehen ihrem Verderben zu: sie lästern, was sie nicht verstehen. Und

B 4　　　　sie

sie Herr Wittola fahren S. 27. in ihrer Note
b. fort, so wie Merz einen Fürsten lästert,
welcher ohne Traktaten keines Unterthans
Gewissen bezwingen will. Ferners sagen sie S.
40. Note d, weil Herr Merz eine unabgedrungene
Toleranz, eine Toleranz ohne die wichtigsten Ursachen mißbilliget, dieß sey zimlich deutlich
und bös wider einen christlich toleranten
Fürsten gesprochen. Nun aber um des Himmels willen! was für eine Logik ist im Stande,
mir zu beweisen, daß ich jenen einen Fürstenlästerer genennet habe, von dem ich weiter
nichts anders gesagt, als daß er deutlich wider
einen Fürsten Böses gesprochen, daß er einen
Fürsten gelästert habe? Dieß ist wieder ein
Schluß der finstern Augsburger Logik. Wenn
ich sagen sollte, Herr Wittola trage nach dem
allgemeinen Beyspiele der utrechtischen Kirche einen unversöhnlichen Haß gegen die Jesuiten,
eine erbitterte Feindschaft gegen alle ehrlichen
Mönche, wem würde es wohl beyfallen, ich
hätte den Herrn Wittola einen unversöhnlichen
Jesuitenhasser, einen erbitterten Mönchenfeind
genennet? Wenn ich den Titius beschuldigen
wollte,

wollte, er hätte einen Ehbruch, den Cajus, er hätte eine Mordthat begangen, wäre es nicht eine aufgelegte Thorheit, mir zu sagen, ich hätte den Titius einen Ehbrecher, den Cajus einen Mörder geheissen? Aber so geht es, wenn man die Logik des Herrn Wittola nicht studirt hat. Dieser liebvolle Herr wird sich ja endlich doch seiner armen blinden Mitbürger erbarmen, und ihnen das Geheimniß aufdecken, wo man sich in der Welt melden müße, diese ganz sonderbare, und auserordentliche Logik zu erlernen. Thut er uns die Gefälligkeit nicht, so müßen wir in Gottesnamen bey unserm lieben alten Schlendrian bleiben, bey dem man wider die Mode der Aufklärer die Thorheit begeht, immer nichts als die Wahrheit zu suchen. Doch genug davon: die zweyte Lüge, daß Herr Wittola Merzen einen Fürstenlästerer betitelt habe, liegt in der ganzen Blöße da. Ich könnte zwar S. 6. b, c. und S. 10. a. noch einige Beweise herausziehen, aber ich mag dem lieben Herrn Merz nicht zu wehe thun; denn er ist so schon genug mißhandelt, und (im Ernste unter uns geredt, Herr Wittola) in seiner ganzen Predigt sah ich keine Sylbe, die sie hätte bewegen können,

B 5   nen,

nen, ihn einen Fürstenläſterer zu nennen, doch, mir geſtehen ſies im Vertrauen ſchon; ſie ſahen damals, weil es eben einen Exjeſuiten galt, in ihren utrechtiſchen Zauberſpiegel, der ihnen die ehrlichſten Männer in lauter Spitz- buben umſtaltet.

Nun kommen wir auf die dritte Lüge des Herrn Merz, und dieſe, weils Herr Wittola ſagt, muß eben ſo offenbar, als die vorige ſeyn. Fürſtenbetrüger hat Herr Wittola die Jeſuiten in keiner Note genennet; denn, ob er gleich al- les, was ihm wider die Jeſuiten gerad, oder ungerad in Mund kömmt, in lauter Macht- ſprüchen herausgeifert, will er ihnen dieß Prae- dikat doch nicht beygelegt haben. Und wirklich in Durchleſung ſeiner wohlmeynenden Noten fand ich nichts anders, als daß er den Jeſuiten S. 32. c. 38. a. 44. c. aufbürdet, ſie hätten im Herzogthume Liegniz in den letzten Jahren Kaiſer Karl des VI die Sache dahin eingeleitet, daß die wegen ihrer Intoleranz öd ſtehenden Häu- ſer und Höfe der nicht tolerirten Schwenkfelder ihrem Collegio zu Liegniz zugeſchlagen wurden; ſie hätten im ſechzehnten Jahrhunderte die deut-

ſchen

schen Universitäten untergraben. Sie hielten nicht
nur einen heterodoxen König, sondern sogar einen heidnischen Kaiser in China für einen untrüglichen Schiedrichter, für unfehlbarer,
als den Papst, wenn er für sie eine Bulle
herausgäbe. Ich kann euch zwar auf keine Weise
gut stehen, meine lieben Leser, ob Herr Wittola in diesen Erzählungen nicht in seinen ge-
wöhnlichen Paroxismus gefallen ist, indem er
Lügen für Wahrheiten auszukramen, und mit
Machtsprüchen, als seinen Lieblingsbeweisen aus-
zurüsten pflegt, indessen ists doch gewiß, daß
uns Herr Wittola diese Histörchen zu dem Ende
erzählet hat, damit wirs ihm glauben sollten.
Nun dann gesetzt, die Jesuiten hätten gerad so,
wies Wittola vor sich hat, und erzählt, Schel-
menstreiche gespielet, fremde Güter an sich gezo-
hen, Universitäten untergraben, einem heterodoxen König, einem heidnischen Kaiser untrügliche
Unfehlbarkeit zugedichtet, so hätte dieß freylich
ohne Betrug der Fürsten nicht geschehen können, indessen aber könnte Herr Merz doch mit
Wahrheit nicht sagen, Wittola habe die Jesuiten Fürstenbetrüger betitelt; denn Fürsten betrügen, und ein Fürstenbetrüger seyn, ist

in

in der Logik des Herrn Probsts zweyerley. So hat er zwar durch Herrn Schlötzer den feilen, und niederträchtigen Verleger alter und neuer Lästerungen, den er S. 21. N. b. als sein Sprachrohr citirt, von gewißen Leuten, unter denen er die Jesuiten versteht, sagen können, daß sie fromme Fürsten betrügen, doch folgt es deßwegen gar nicht daraus, daß er sie Fürstenbetrüger nennen wollte; denn was kann Herr Wittola dafür, daß aus dem Sprachrohre gerad jene Worte ertönen, die er hineingemurmelt hat? Wenn also Herr Wittola die gemeldten Histörchen betreffend gleich gelogen, oder wenigst in seinem antijesuitischen Paroxismus sehr unrichtig erzählet hat, wie kann man ihm doch aufbürden, daß er die Jesuiten als Fürstenbetrüger habe schildern wollen? Hiemit könnten wir durch Wittolas Brille, wenn wir sie hätten, die dritte merzische Lüge sehen.

Durch eben diese Brille, wenn sie uns Herr Wittola mildherzigst leihen möchte, könnten wir auch die vierte merzische Lüge erblicken. Ich traue dem Herrn Probste so viele Ehrlichkeit zu, daß er uns selbst gestehen wird, er hat

ha

be die Jesuiten schon oft mündlich und schriftlich blutdürstige Leute genennet, und sey deß-
wegen von Monsieur Wahrmund mit einer
sehr beissenden Lauge übergossen worden, aber in
seinen Noten, nein da bediente er sich dieses
Ausdruckes niemal. Zum Beweise will ich weiter nichts thun, als einige Noten des Herrn
Wittola anführen, aus denen Herr Merz vielleicht so etwas hätte schliessen können. S. 5.
N. a. sagt Herr Wittola mit seinem erlauchten
Schauspieler Cremeri: In den Worten des
Erlösers, ich bin nicht gekommen den
Frieden, sondern das Schwert zu schicken.
Matth. 10. 15. v., finde Herr Merz ein
Schwert, womit er uns wider Leute, die
wir nicht dulden wollen, bewaffne. S. 18.
N. a. Merz, der doch nicht blutdürstig
seyn wolle, mißbrauche einige Texte der
heiligen Schrift, wie sie die blutdürstig-
sten Inquisitoren gemißbrauchet hätten
— — S 29. b. Merz wünsche, daß
die Bischöfe und Priester Menschenwür-
ger, und Verfolger wären. S. 32.
N. c. erzählt er mit aller historischer Richtigkeit,

keit, der Pater Regent von Liegniz hätte
nach einer jeden Predigt an die Schwenkfelder einen Strick aus der Tasche gezo-
gen, ihn geschleudert, und gesprochen:
Dieß wird bald der Lohn aller derjenigen
werden, die nach meinem gütigen Zu-
spruche nichts fragen. Nun dieß ist ja gar
nicht blutdurstig; denn beym Henken wird kein
Blut vergossen, außer bisweilen aus der Nase.
Und das Geschichtgen paßte recht auserwählt
her, dem Herrn Merz zu demonstriren, daß er
über die Toleranz ungeschickt, und boshaft gepredigt hätte; denn Liegniz hat gerad zwey Syl-
ben, wie Augsburg. S. 38. N. b. weil Herr
Merz gepredigt hat, die Umstände müssen
es bestimmen, was für eine Strafe hin-
länglich sey, den stolzen, und eigensinni-
gen Schwindelköpfen zu verleiden, daß
ihnen die Lust, Irrthümer auszusinnen,
und auszustreuen, vergehe, muthet er ihm
nach seiner tiefen Einsicht in das merzische Herz
zu, er hätte auf ewige Gefängniße, auf
Kopfabhauen, und Verbrennen gezielet.
Dieß ist ja wieder nicht blutdurstig; denn
bey diesen Martern, das Kopfabhauen vielleicht
aus-

ausgenommen , wird ebenfalls kein Blut ver-
goffen. Wie ist es also möglich , daß Herr
Merz aus dergleichen Noten schliessen konnte ,
Wittola hätte ihm und seinen Gesellen Blut-
durst aufbürden wollen ? Wenn ich andere
Leute wider meinen Nebenmenschen mit dem
Schwerte bewaffnen , und den liebvollen Wunsch
hegen würde , daß jedermann ein Menschenwürger , und Verfolger wäre wie ich , wenn
ich mit dem Strick , oder Schwert in der Hand
auf ewige Gefängniße , auf Henken , Köpfen ,
und Verbrennen dringen sollte , wer würde mir
daraus beweisen , daß ich blutdürstig , daß
ich ein Menschenwürger wäre ? Ergo , quod
erat demonstrandum , hat Herr Wittola dem
Herrn Merz bewiesen , daß er ihn weder einen
Blutdürstigen , weder einen Menschenwürger genennet habe. Hiemit haben wir die vierte,
und fünfte, Lüge gleich in einem Anblicke bey-
sammen , und dieß heißt , was außer Wittola
noch keiner gekönnt hat, das Blaue vom Himmel herunter demonstriren.

Mit der sechsten Lüge wollen wir gar ge-
schwind fertig seyn. Es ist grundfalsch , daß
Wit-

Wittola den Herrn Merz, und seine Gesellen
Menschenverfolger geheissen hat. Ich fodere
euch mit dem Herrn Wittola selbst auf, meine
liebe Leser, durchgehet alle seine Noten, ich will
nicht ehrlich seyn, wenn ihr was anders findet,
als daß Herr Wittola in XXI Beweisen, oder
Machtsprüchen ganz deutlich sagt: Herr Merz
sey nach dem Beyspiele seiner Gesellen intolerant, er hasse, und verfolge nicht nur
die Irrlehren der Menschen, sondern die
Menschen selbst. Heißt aber dieß ein Menschenverfolger seyn? Wäre es z. B. nicht
toll zu sagen, ein Mann, der mit Wein handelt, sey ein Weinhändler? Ein Handwerker,
der Schuhe machet, sey ein Schuhemacher?
Und Herr Wittola, der immer wider Jesuiten
Lügen auskramet, sey ein Lügenkrämer? Wieder
nur drey Beyspiele wegen meinem lieben Spruchworte: Omne trinum perfectum, und wieder
ein sonnenklarer Beweis aus der utrechtisch wittolaischen Logik, daß Herr Merz gelogen hat;
weil er mit seiner abgeschmakten augsburger
Logik aus der ihm ein und zwanzigmal
aufgebürdeten Menschenverfolgung den
Schluß machte, Herr Wittola hätte ihn einen
Men

Menſchenverfolger geheiſſen. So ſind ſie
dann ſchon wieder im Sack, mein lieber Herr
Merz!

Bißher gabs nur Lügen, itzt aber kommen
Läſterungen. Wie? Der große Beſieger ſeines Zornes, der ſtarkmüthige Beherrſcher ſeiner
Galle, Herr Probſt Wittola, ſollte Merzen einen blinden Läſterer des Weltapoſtels betitelt haben? Nein. — Wahr iſt es, daß er
ihn S. 38. N. d. einen Läſterer des heiligen
Johannes eines der größten Apoſtel genennet,
und ihn ſamt ſeinem Cenſor dafür zur Genug-
thuung verdammet hat. Wahr iſt es, daß er
ihn S. 30. N. b. überhaupts als einen Läſterer aller Apoſtel angegeben hat. Wahr iſt es,
daß er den Herrn Merz S. 42. N. c. beſchul-
digt hat, er hätte aus den lieben heiligen Apoſteln
Erzſpötter gemacht. Der Beweis davon hat
etwas ganz ſonderbares. Herr Merz ſagte in
ſeiner Rede: Die heiligen Apoſtel hätten den
Feinden der Wahrheit, wie zum Beyſpiel
der Meiſter Elymas einer war, den Sekten-
ſtiftern, den falſchen Lehrern die ſpöttlichſten Praedikate beygelegt. Hier ſehe

C   man

man ein Meiſterſtück der wittolaiſchen Logik:
Wer einen andern ſpöttlich behandelt, ſpricht
Herr Wittola, der iſt ein Spötter, atqui die
Apoſtel haben ihre Gegner mit den ſpöttlichſten
Praedikaten behandelt, ergo waren ſie Erzſpötter. Q. E. D. Erſchreckliche Apoſtelläſterung!
Lieber heiliger Paulus! Du nannteſt den Elymas
mit ſpöttlichen Ausdrücken ein Kind des Teufels,
voll aller Liſt und Schalkheit, einen Feind aller Gerechtigkeit! Dieß erzählte Merz, und
machte dich alſo nach der Logik des Herrn Wittola zum Spötter. Löſche man doch jene Worte
der göttlichen Schrift: Ich werde euch bey
eurem Untergange verlachen, und ver-
ſpotten, noch bey Zeiten aus, ſonſt beweiſt
Wittola den allmächtigen Gott ſelbſt noch zum
Erzſpötter, und ſich zum Gottesläſterer. Wenn
es nun gleich wahr iſt, daß Herr Wittola
Merzen überhaupts, und ohne Ausnahme einen
Apoſtelläſterer, das iſt, einen Läſterer des heiligen Petrus, des heiligen Paulus, des heiligen Johannes ꝛc. ꝛc. genennet hat, ſo folgt es
doch nicht daraus, daß er ihm die Läſterung
des Weltapoſtels, der der heilige Paulus iſt,
aufbürden wollte. Nur einen blinden Tadler
des

des Weltapostels hieß er Merzen, da von dem heiligen Paulus S. 31 insonderheit die Rede war, und dieß zwar in solchen Umständen, daß, wenn Wittolas Vorwurf sonst nicht hüftenlahm wäre, Tadel, und Lästerung einander so ähnlich seyn würden, als ein Ey dem andern; denn nach meiner Logik könnte ich einen Apostel mit Ernste nicht unbarmherzig nennen, ohne eine Lästerung zu begehen; in der Logik des Herrn Wittola aber, und in seinem utrechtischen Zauberspiegel gewinnt die Sache gleich ein anders Aussehen, und da muß Herr Merz unterliegen, und gelogen haben, wenn er gleich zehnmal recht hätte. Mit Wittola ists nicht gut Händel haben: er hat recht, wenn er auch zehnmal unrecht hat. Da der Herr Probst so bescheiden war, daß er den Herrn Merz keinen Lästerer, sondern nur einen Tadler des Weltapostels nennte, so wird er ihn vielweniger einen Lästerer Christi betitelt haben; denn so etwas ohne alle Ursache sagen, wäre auch beym lockersten Probabilisten eine schwere Sünde, und Herr Wittola könnte es unmöglich über sein rigoroszartes Gewissen bringen, einen Neben-

men-

menschen so zu beleidigen, nur etwa die Jesuiten
ausgenommen, die er schon eine geraume Zeit
her nicht mehr für seine Nebenmenschen hält,
und denen er allein aus dieser Ursache keine Duldung angedeihen lassen will. Ich las seine Noten über den Eingang, ersten und zweyten Theil
der merzischen Predigt auf ein Neues durch,
und fand zwar hin und wieder etwas von Men-
schenlästerung, aber keine Gotteslästerung.
Nur im Beschluße stieß mir so eine Kleinigkeit
auf, wo Herr Wittola S. 40. N. b. über ein
ihm unerträgliches Dilemma des Herrn Merz
in eine kleine Wut geräth, und mit einem aus
dem Evangelium der utrechter Kirche entliehenen
Eifer betäubet aufruft: Für diese Gotts-
lästerung hat Herr Merz sammt seinem
Censor Buße zu thun. — Hätte er doch zum
heilsamen Unterrichte mancher Beichtväter die
Buße bestimmen mögen! Gleich auf der nächsten Seite N. b., weil Herr Merz gesagt hat,
Christus der Herr sey weder ein Indifferentist, noch ein Tolerantist gewesen, fährt
Herr Wittola im nämlichen Eifer fort: Abermal zu frech gegen die anzubethende Person

son Jesu Christi! Doch verfährt er hier mit Herrn Merz und seinem Censor etwas gnädiger; weil er sie nicht wieder zur Buße anweist. Hätte Herr Merz unsern Erlöser gegen Feinde seines heiligen Glaubens recht tolerant vorgestellt, so würde er an Herrn Wittola gewiß den stärksten Vertheidiger gefunden, und bey der utrechter Kirche die größte Ehre eingeleget haben. Aber so ward Herr Wittola wider seines Bauchs willen gezwungen, den Herrn Merz mit den deutlichsten Worten einer Gotteslästerung zu beschuldigen, doch ohne ihn dadurch einen Lästerer Christi zu nennen. Also ist Herr Merz schon das achtemal Lügen gestraft: und wir, die wir immer noch dumm genug bleiben werden, den Gegentheil zu glauben, wissen ißt, daß es nicht eines sey, Gotteslästerungen begehen, und ein Gottslästerer seyn. — O du liebe Aufklärung! o ihr grausamen Richter der alten finstern Zeiten, die ihr bisher so viele Unglückliche deßwegen für Diebe hieltet, und deßwegen an lichten Galgen als Diebe aufknüpfen ließet, weil sie Diebstähle verübet hatten! Aber wartet nur, man muß euch alle zum Wittola in die

C 3

Lo:

Logik schicken, der wirds euch zeigen, daß dieser Schluß: Wer Diebstähle begangen hat, der ist ein Dieb, eitel Lüge sey.

Weil mir eben das Wort Lüge so überquer daher kam, so will ich in diesem Artickel gleich fortfahren, und an die neunte, und letzte merzische, von Herrn Wittola mit gewöhnlicher Stärke demonstrirte Lüge meinen Maaßstab ansetzen. Niemal fiel es dem Herrn Probst nach seinem unverwerflichen Zeugniße ein, den Herrn Merz als einen Schriftverfälscher der ehrlichen Welt vorzustellen. Unbesonnener Herr Merz! wie mögen sie doch, da sie sonst ein so wackerer Mann, und ein Feind von Lügen sind, wie mögen sie doch, sage ich, dem lieben unschuldigen Herrn Probste, der keine Menschenseele beleidigen kann, so grelle Vorwürfe machen? Sie werden mir vielleicht sagen, sie könnens beweisen. Beweisen wollten sies, und woher? — Vielleicht weil Herr Wittola Seite 10. und 11. Not. c. a. b. wider einige ihrer angeführten Texte ganz deutlich mit diesen Worten herausplatzt: Eine offenbare Schrift-

fäl-

fälschung! Merz fälschet den Text. Abermal eine Schriftfälschung. Ja, wahr ist es, so spricht Wittola von Wort zu Wort! Heißt aber dieß ein Schriftverfälscher seyn? Oder glauben sie etwa gar, Wittola habe sie deßwegen einen Schriftverfälscher nennen wollen, weil er Seite 17. N. a. zwar ohne allen Grund, aber nicht ohne auffallende Unverschämtheit sagt : Um den Jüngern Christi etwas von der Gallsucht unsrer Missionarien mit Gewalt anzuschmieren, fälschet Merz hier schon wieder das Evangelium? Aber um Gottes willen Herr Merz! Heißt dann Evangelium, die Schrift, und einer, der das Evangelium fälschet, ein Schriftverfälscher? Ja, in ihrer Logik, in meiner Logik, und in der Logik der ganzen ehrlichen Welt, da hats seine Richtigkeit; aber in der Logik des Herrn Wittola, in der Wahrheit Falschheit, und Falschheit Wahrheit ist, da ist dieser Schluß freylich falsch. Bey der ganzen ehrlichen Welt hat Merz recht, aber beym Herrn Wittola, in der utrechter Kirche, im Portroyal da hat er gelogen. Wittola

C 4   hat

hat ihm offenbare Schriftfälschung auf=
gebürdet, dieß ist unläugbar, aber einen Schrift=
verfälscher hat er Merzen nicht genennet. Ergo
sind die neun Lügen bewiesen, und eine jede
hat in ihrem Durchmesser die ganze Länge, und
Breite von Wittola.

Vielleicht zweifelt ihr, liebe Leser! ob ich
alles recht gesehen, recht gelesen, und recht citirt
habe. Ich kann euch zwar versichern, daß ich
in meiner Jugend von meinem belobten alten
Schulmeister das Lesen recht wacker gelernet
habe; indessen wenn ihr mir nicht genug trauet,
schlaget selber nach und leset; vielleicht werdet
ihr noch mehrer finden, als ich; denn mehrere
Augen sehen immer mehr, als zwey, obwohl
ich mir mit zweyen genug gesehen habe. Ihr
dürfet mich vor der ganzen Welt Lüge strafen,
wenn ich aus Wittolas Schriften nur ein
Wörtgen falsch angeführet habe.

III §.

III §.

Noch etwas von merzischen Schrift- verfälschungen.

Weil Herr Wittola den Herrn Merz zwar keinen Schriftverfälscher genennet, ihn aber doch wiederholter Schriftverfälschungen beschuldiget hat, so werdet ihr von mir erwar- ten, meine Leser! daß ich euch auch in diesen Stücken zeige, wie richtig es in des Herrn Wittola Kopfe, und Logik zugehe. Herr Merz erzählt in seiner Predigt, der Heiland habe selbst gesprochen: **Wahrlich, wahrlich sage ich euch, — — ich bin euer König.** Eine offenbare Schriftverfälschung! schreyt der Herr Probst; ich bin ein König, heißt es, und nicht, ich bin euer König. Und in seinem dritten Schreiben über die Toleranz fährt er also fort: „ Herr Merz macht es mit seinem **Euer**, wie Luther mit seinem **Allein**: Und es ist eine höchstwichtige Sache, der Geistlichkeit es nicht zu gestatten, das Reich Christi anders zu schil- dern, als es uns von den Propheten, und Apo-

steln,

steln, und von ihm selbst geprediget worden ist. Hätte er zu den Weltbewohnern gesagt: Ich bin Euer König. So wäre sein Reich von dieser Welt gewesen.

Ey, was sie da sagen, grundgelehrter Herr Wittola! dieß wäre einmal ein Beweis, der sich über alle mathematischen Beweise so hoch erschwingt, als der St. Stephansthurn über ein gemeines Dorfthürnchen hinaufsteigt. Ja, mein Herr Probst! es ist wirklich unleidentlich, es ist höchststrafbar, * wenn sich ein Geistlicher untersteht, den höchsten Gott seinen Zuhörern, als einen Beherrscher, als einen vollmächtigen König aller Weltbewohner vorzustellen; denn so würde das Reich Christi falsch geschildert, und es käme heraus, als wenn sein Reich von dieser Welt wäre. Es ist unleidentlich, wenn ein Prediger sagt: Gott der Herr sey ein König der Könige, die diese Welt bewohnen, ein Herrscher der weltbewohnenden Herrscher, ein Herr der weltbewohnenden Kriegsheere. Nathanael hat gefehlt, da er zum Heiland sagte:

Du

---

* Aber nur in der Logik des Herrn Wittola.

Du bist der Sohn Gottes, du bist der
König Israels Johann K. 1. V. 19. Der
heilige Matthäus hat gefehlt, da er die Worte
des Propheten Isaias anführte : Saget der
Tochter Sion, sieh! dein König kömmt
zu dir sanftmüthig 2c. 2c. Und ich, wenn
ich so predigen wollte : Meine lieben Christen!
auch zu euch kömmt er sanftmüthig euer Erlöser,
euer König Jesus Christus, wie er ehmal
zur Tochter Sion kam, wäre ein offenbarer
Schriftverfälscher: und Wittola würde mirs
ewig nicht verzeihen. Aber du, mein Gott! ob
ich gleich ein Weltbewohner bin, ob gleich
dein Reich nicht von dieser Welt ist, du wirst
es mir, und Herrn Merzen, dem Weltbewohner, verzeihen, wenn wir dich in tiefester Ehrfurcht unsern König nennen, und wenn wir
unsern Mitmenschen ferner sagen : Gott ist
euer König : ihr müßet ihm huldigen : ihr
müßet ihm gehorsamen. Verübeln sie mirs
nicht, Herr Wittola! wenn ich in diesem Stücke nicht Scharfsinn genug besitze, die Bündig-
keit ihres Schlußes, und die Gewißheit der
Schriftverfälschung einzusehen. Vielleicht
geht

geht mir nach, und nach das Licht auf, wenn
ich noch mehrere gedruckte Schreiben von ihnen
zu lesen bekomme ; besonders wenn sie so glück-
lich sind, mehrere so wunderschöne Gleichniße zu
erfinden , als folgendes ist ; denn Gleichniße
dienen ungemein zur Beleuchtung.

Seite 86 sagen sie in ihrem dritten Schreiben : Um aber dem Herrn Merzen gar
keinen Zweifel zu lassen , daß sein zuge-
setztes Euer den wahren, und wesentlichen Sinn der Schriftstelle verändert ,
folglich eine offenbare Schriftverfälschung sey , will ich ihm hier ein Gleichniß setzen : Itzt, meine Leser ! itzt sperret Mund,
Augen, und Ohren auf! Wittola redet : Wenn
der Herzog zu Mecklenburg nach Augsburg käme , beym Rathhaus abstiege , in
die Rathsstube einträte, und zu den ver-
sammelten Räthen spräche : Ich bin euer
Herzog ; wird diese Rede keinen andern
Eindruck auf sie machen ? als wenn sie
auf vorläufige Nachricht von seiner An-
kunft in ihre Stadt ihn im Zweifel beym

Tho:

Thore, ob er der Herzog sey, gefraget, und zur Antwort: Ja ich bin der Herzog, erhalten hätten? Es ist doch zum Erstaunen, unwiderleglicher Herr Probst! wie sie auf so auserordentliche Einfälle gerathen. Kein Mensch, der nur ein halbes Loth Hirn im Kopfe hat, kann es ihnen läugnen, daß zwischen beyden Ausdrücken: Ich bin euer Herzog, und, Ich bin ein Herzog, ein wesentlicher Unterschied ist: und ich weiß es recht gewiß, daß der Rath zu Augsburg wider den ersten Ausdruck: Ich bin euer Herzog, feyerlich protestiren würde; weil es weltbekannt ist, daß dem Herzoge von Mecklenburg kein Stein von Augsburg zugehört. Ueber den zweyten Ausdruck entgegen: Ich bin der Herzog von Mecklenburg, würde sich kein Mensch aufhalten. Was ist nun handgreiflicher als daß sie den Herrn Merz schon wieder in Sack hinein demonstrirt haben. Nur noch einen kleinen Zweifel müßen sie mir auflösen, Herr Wittola! Wenn ein wachstehender Grenadier den großen Friederich zu Berlin, oder in was immer für einer seiner Städte anschreyen würde: Wer da? Und

wenn

wenn Friedrich zur Antwort gäbe : Ich bin
der König , würde dieß bey dem Grenadier
nicht den nämlichen Eindruck machen, als wenn
er gesagt hätte : Ich bin dein König ?
Würde der Soldat beym ersten Ausdrucke nicht
eben so wohl, als bey dem zweyten Gewehr
heraus, schreyen ? Und gesetzt : Augsburg
wäre unter Botmäßigkeit des Herzoges von
Mecklenburg, würden alsdann diese Worte: Ich
bin der Herzog, und, Ich bin euer Herzog,
den Eindruck auf die Unterthanen betreffend einen wesentlichen Unterschied ausmachen ? Nun
aber steht die ganze Welt (so gar Probstdorf)
so gar Utrecht, und das Portroyal ungezweifelt
unter der gänzlichen Beherrschung Jesu Christi;
dieser eingebohrne Sohn des himmlischen Vaters
hat über Himmel und Erde mit unumschränkter
Vollmacht zu gebieten: die Erde ist der Schem-
mel seiner Füße, also wird er ja zu jeder Ge-
meinde, zu jeder Stadt, zu jedem Volke eben
so gut , mit eben dem Rechte sagen können :
Ich bin euer König , als er sagen kann:
Ich bin ein König. Sie, Herr Wittola!
werden ja die über die ganze Welt ausgebrei-

tete

tete Vollmacht des Erlösers nicht einschränken, und sich, und ihr Probstdorf davon ausnehmen wollen? dieß wäre in der That gar zu frech gegen die anzubethende Person Jesu Christi gehandelt. (*) Sehen sie, mein lieber Herr Wittola! diesen kleinen Scrupel habe ich über ihre unvergleichliche Gleichniß. Durchsuchen sie doch die-

---

(*) Dieß könnte so für eine gottaläsnerliche Schriftverfälschung gelten; denn der Weltaposstel sagt: Alles hat er seinen Füßen unterworfen. 1. Kor. 15. 26. Und ad Ephes. I. v. 22. Alles hat er seinen Füßen unterworfen, und hat ihn zum Haupt aufgestellt über die ganze Kirche, welche sein Leib ist.

Kann man vom Herzoge von Mecklenburg auch sagen, daß ihm Gott alle Städte in der ganzen Welt unterworfen habe, daß er das Haupt aller Gemeinden, aller Völker sey? Und gesetzt, er wäre es, so könnte er, wenn mich doch nicht alle Vernunft betrügt, den Augsburgern, den Wiennern, Probstdorfern, und der ganzen Welt sagen: Ich bin euer König. — — Herr Probst! lernen sie das Gleichnißmachen doch besser. Diese ist einmal so unglücklich für ihre Absicht ausgefallen, daß sie entweder einen schwachen Kopf, oder ein passionirtes Herz, und eine Verblendung des Verfassers verräth.

die verborgensten Schlufwinkel ihrer geheimniß=
vollen Logik, und geben sie eine Erklärung dar=
über, sonst bin ich noch immer zu kurzsichtig,
die offenbare Schriftverfälschung Merzens
einzusehen. Itzt noch ein Paar Worte von
Schriftverfälschungen.

Seite 11 in der wittolaischen Ausgabe sei=
ner Predigt sagt Herr Merz, daß Jesus Chri=
stus gesprochen habe : Wer einen aus den
mindesten meiner Befehle verletzen, und
die Leute anders lehren wird, als ich leh=
re, der wird in den Augen des Himmels,
als der schlechteste angesehen werden. Und
sechs Zeilen tiefer unten. Eher wird Him=
mel, und Erde vergehen, als daß nur
ein Pünktlein von meinem Gesätze hin=
weggehe. Hierüber schreyt Herr Wittola
wieder : Abermal eine Schriftfälschung
— — wieder falsch. Wenn Merz Gott,
und den Bischof, in dessen Namen er
predigt, zu wenig fürchtet, soll er wenig=
stens die Protestanten scheuen, welchen er
das *Sola* des Luthers vorzuwerfen pfleget.
Meiner und meinem ist hier ein aufge=

legter

legter Zusatz (und ein jeder Zusatz ohne Zwei=
fel eben so viel als Schriftverfälschung) und
gehöret unter den Fluch des Herrn Offen=
barung Johann. XVIII. 22. Ist dieß nicht
wieder eine Demonstration , die sich gewaschen
hat? Merz ist also ein eben so ärgerlicher
Schriftverfälscher , als Luther , und verdient
gleich dem Luther den Fluch des Herrn. War=
um? Luther , anstatt mit der Schrift zu sa=
gen , der Glaube macht selig , fälschte den Text
so : Der Glaube **allein** macht selig , und
schloß hiemit die Nothwendigkeit der Liebe , und
der guten Werke aus ; und Merz , da er den
Wörtern Befehle , Gesetze , meiner , und
meinen beysetzte , schloß — — je doch er schloß
— — sagen sie mir doch mein Herr Wittola ,
was schloß er aus? Nu, wenn ichs euch nicht
sagen kann , was Herr Merz durch seinen Bey=
satz in der Wesenheit änderte , oder ausschloß ,
so kann ich euch doch für gewiß sagen , daß zwi=
schen Luthers , und Merzens Beysatz kein ein=
ziger Unterschied ist , als daß jener durch sein
Sola im Texte eine wesentliche , und auffal=
lende , dieser aber gar keine einzige Aende=

D   rung

rung macht. Zweytens kann ich euch auf Ehr und Treue versichern, daß Luthers Beysatz *Sola* in der ganzen Schrift nirgends zu finden ist; die Gebothe entgegen, und die Gesetze, von denen Herr Merz geredet hat, sind wirklich, und wahrhaft Gebothe, Befehle, und Gesetze Jesu Christi; es sind jene Gebothe, von denen beym Ezechiel am 36. 17. geschrieben steht : Ich will meinen Geist in euch pflanzen, und machen, daß ihr in MEINEN Gebothen wandelt. Es sind jene Gebothe, von denen der Heiland bey Johann am 14. 21, und bey Matth am 11. 30. spricht : Wer MEINE Gebothe hat, und sie hält, der ists, der mich liebet. — MEin Joch ist süß, und MEINE Bürde ist leicht. Hiemit ist ja klar, daß Merz wegen seinem Beysatze MEINER und MEINE, wenn er gleich nach dem wahren Sinne Jesu Christi geredet, wenn er gleich in der Wesenheit nicht die geringste Aenderung gemachet hat, dannoch Trotz dem Luther ein Schriftverfälscher sey. Herr Wittola will es so haben, und da gilt kein Widerspruch. Weiter itzt! — nein, laß halten! es fällt mir eben eine Gleichniß ein, und die

muß

muß mir heraus. Der Kaiser macht neue Ge=
setze, läßt sie verkünden, und zum Beschluße
beysetzen: Wer diese Gesetze hält, dem werden
wir in Gnaden gewogen seyn. Nach der Ver=
kündung kömmt ein Unterthan zu einem Mini=
ster: Dieser sagt dem Unterthanen: Merke es
dir wohl, was der Kaiser zu dir und zu jedem
Unterthanen spricht: Wer **meine** Gesetze hält,
dem werde ich in Gnaden gewogen seyn. Wenn
nun der Unterthan zum Minister sagen würde:
Eure Excellenz fälschen die Worte des Kaisers;
im Dekrete heißt es diese Gesetze, und Euer
Excellenz sagten meine Gesetze. Der Beysatz
meine macht in den Worten des Kaisers eine
eben so wesentliche Aenderung, als wenn ich statt
diesem wahren Spruche: Dem Kaiser müßen
alle Unterthanen gehorsamen, sagen würde, dem
Kaiser allein müßen alle Unterthanen gehor=
samen. Was würde der so hart betroffene Mini=
ster antworten? Was würden sie davon halten,
Herr Wittola! würden sie nicht aufrufen: Of=
fenbare Verfälschung der kaiserlichen Worte!
Ohne Zweifel; denn sonst gäbe es in ihrer Lo=
gik in einer ganz gleichen Sache ganz ungleiche
Consequenzen. D 2 So

So richtig nun diese Schriftfälschung ist, eben so ungezweifelt ist im Sinne des Herrn Wittola die letzte, die er dem Herrn Merz auf= bürdet. Den griechischen Ausdruck απομασ= σομεϑα υμιν, und den lateinischen der Vulgata extergimus in vos hat Herr Merz so überse= het, * so gar den Staub — — — **schlagen wir ab auf euch**, und Herr Weitenauer, der im Griechischen, und in an= dern orientalischen Sprachen, von denen Herr Wittola wenigst die Namen weiß, hat gar übersetzet: schlagen wir ab wider euch. Was war nun billiger, als daß Wittola, der ein un= fehlbarer Ausleger der göttlichen Schrift, und ein untrüglicher Sprachenkenner ist, gleich im entscheidenden Tone spricht : Merz fälsche hier schon wieder das Evangelium. Wenn dieser so kurz angebundene Richter nicht Wittola wä=

---

* Etiam pulverem, qui adhæsit vobis de civitate vestra, extergimus in vos. Luc. 10. 11.

Anmerk. In der Onolzbacher, Altdorfer, und Ulmischen Bibel sogar wird die nämliche Uebersetzung von Worte zu Worte gelesen, die Herr Merz machte. Nichts zu melden von der katholischen Uebersetzung eines Dietenbergers.

wäre, der Leuten, die nicht denken, wie er, gleich ein Paar Dutzend Machtsprüche an Kopf wirft, könnte ich die aufgedrungene Schriftfälschung gerad vom Stumpen wegläugnen, oder wenigst mehrere Beweise aus bewährten Schriftauslegern fodern, als die Paar Worte απομασσομεθα ὑμιν, die Wittola buchstabiren, lesen, und schreiben, aber vielleicht lange nicht so gut, als Merz, und Weitenauer erklären kann. Diese Schriftverfälschung wollen wir also indessen dahin gestellt seyn lassen, bis die heilige Kirche die lateinische Uebersetzung, extergimus in vos, verwirft, und den Herrn Wittola zum allgemeinen Schiedsrichter, und Aufklärer der Schriftverfälschungen aufstellt. Unter dieser Zeit, die vielleicht lange genug dauren wird, hat Herr Wittola Muße genug, besser griechisch zu lernen, und fleißig nachzuschlagen, ob das Wörtgen απο in dem Texte des heiligen Lukas nichts anders, als bey heissen könne, und ob man jenen, der es für auf, oder wider nimmt, gleich ohne weitere Umstände als einen Verfälscher des Evangeliums in die Welt ausposaunen dürfe.

Den biblischen Schnitzer betreffend, den sie dem Herrn Merz aufbürden, weil er ge-

sagt hat, der Heiland hätte es gleich beym An⸗
fange seines Predigamtes erkläret, daß sein
Reich nicht von dieser Welt wäre, war
ich freylich bisher auch der Meynung, der Hei⸗
land, da er die königliche Würde, die ihm an⸗
getragen ward, ausschlug, da er die acht Se⸗
ligkeiten, und andere den Sinnen der Menschen
widrige Wahrheiten lehrte, habe das Volk un⸗
terrichten wollen, daß er kein Reich auf dieser
Welt, keine Wollüste, keine Ehren, keine
Reichthümer zu suchen gekommen wäre, sondern
seinen Nachfolgern großmüthige Verachtung die⸗
ser Eitelkeiten beyzubringen; und dieß geschah
freylich beym Anfange seines Predigtamtes:
Wenn aber sie anders meynen, Herr Wittola!
wenn sie so etwas für einen biblischen Schnitzer
halten, dann muß man freylich Respekt brau⸗
chen, und von dem neuen Kirchenlehrer mit
Ehrfurcht denken; αυτοσ εφα. So viel von
den Schriftverfälschungen zum rühmlichen Zeug⸗
niß für Herrn Wittola, damit die ehrliche Welt
sieht, wie liebreich, wie menschenfreundlich die⸗
ser duldsame Mann mit Herrn Merz verfahren,
wie gründlich er ihn einen Schriftverfälscher ge⸗
nennet hat.

IV §.

IV §.

Einige sonderbare Sätze des Herrn Probst Wittola, die noch eine Meldung verdienen.

Der Herr Probst Wittola hat in allen seinen Handlungen etwas außerordentliches; er geht nie den gemeinen Weg; er hat so viel sonderbares, daß einem die Wahl dabey wehe thun könnte. Vorzüglich aber hat Herr Wittola die besondere Gabe, manchesmal selbst als eine Wahrheit zu behaupten, was er zuvor, oder hernach bey einem andern, als einen Irrthum verwirft, oder wenigst nicht gelten lassen will.

Daß der heilige Apostel Paulus gegen Irrlehrer nicht duldsam war, und den Umgang mit selben nicht gerne sah, bewieß Herr Merz unter andern aus dem Texte an den Titus 3, 10. Einen kezerischen Menschen meide, wenn er ein, und das anderemal ermahnet ist 2c.2c. Herr Wittola wirft ihm vor, daß er durch keinen einzigen Text beweisen könnte, daß die Apo-

D 4   stel

ſtel nicht duldſam geweſen wären; und S. 21.
N. a. ſagt er ſelbſt, daß der heilige Paulus
ſeinem Titus befohlen habe, einen ketzeriſchen
Menſchen zu meiden. Indeſſen paßt doch
die Folge dieſes Textes ſo wenig für ſeine Logik,
daß er gleich darauf beyſetzt, der heilige Apoſtel
habe ſagen wollen : Man ſoll die Irrlehrer
ſagen laſſ'n, was ſie deucht, bis es Gott
anders ſchicke. Er vergaß dabey, daß der
große Weltapoſtel ſeinem Titus, und Timotheus
zugeſprochen hat, daß ſie ſich den falſchen Lehrern, zwar in aller Geduld, aber doch ſtarkmü-
thig, und mit allem Ernſte widerſetzen, ſie, es
möge ihnen bequemm, oder unbequemm ſeyn,
bitten, beſtrafen, und widerlegen ſollten. Nur
Schade, daß Herr Wittola nicht zu Zeiten der
großen heiligen Väter Athanaſius, Hilarius,
Chryſoſtomus, Auguſtinus ꝛc. ꝛc. gelebet hat,
er würde ihnen den Irrwahn, daß man falſche
Lehrer zum Unterrichte, und zur Aufrechthal-
tung der Gläubigen widerlegen müße, benom-
men, er würde ihnen die Pflichten der Biſchöfe
aus den Sendſchreiben des heiligen Paulus beſſer
erkläret haben, als ſie ſelbe bey ihre.1 finſtern

Zei-

Zeiten verstunden. Er würde sich alle Mühe gegeben haben, sie zu bereden, sie sollten die Arianer, Pelagianer, Donatisten, und andere Ketzer sagen lassen, was ihnen beliebig wäre, bis es Gott anders schicken würde.

Obwohl nun Herr Wittola gegen Irrlehrer so ein zärtliches Mitleiden trägt, gesteht er doch Seite 16. N. b. von freyen Stücken: Daß derjenige die Irrlehrer, und Verfälscher des Worts Gottes wahrhaft liebe, der ihnen nach dem Beyspiele der Apostel, der Propheten, und Christi selbst auch mit scharfen Verweisen, und Drohungen aus ihrer Blindheit, und Verstockung zu helfen sucht. Und in seinem dritten Schreiben sagt er Seite 97 : Seinem irrenden, und andern verführenden Mitchristen, Mitpriester mit scharfen, und strafenden Worten die Wahrheit sagen, ist nicht Lieblosigkeit, und Unduldsamkeit, sondern Liebe Gottes, und des Nächsten, so bald es — — in keiner andern Absicht geschieht, als um, wo möglich, die Irrlehrer und Verführer zu sich zu bringen;

D 5   und

und wo dieß nicht möglich ist, wenigstens
gute Seelen von ihren Verführungen zu
warnen: „ Laſſet uns dieſes unſern Feinden
„ wünſchen (was der Prophet im 69 Pſalme
„ den Seinigen gewünſchet hat) und unbedenk‑
„ lich wünſchen, daß ſie beſchämet, und zu
„ Schanden werden: damit ſie ſich einmal be‑
„ kehren; denn ſie können ſich nicht bekehren,
„ ohne beſchämet, und ſchamroth zu werden. „
So ſpricht der heilige Auguſtin. Sagen ſie
mir doch, mein lieber Herr Wittola! wenn es
Liebe iſt, die Irrlehrer auch mit ſcharfen Ver‑
weiſen, Drohungen, und Beſchämungen aus
ihrer Verſtockung, und Blindheit zu retten,
wenn ſie ohne Schamröthe nicht können bekehret
werden, was iſt hernach von jener Folge zu
halten, die ſie aus dem heiligen Paulus gezo‑
gen haben: Man müße die Irrlehrer ſa‑
gen laſſen, was ihnen deucht, bis es
Gott anders ſchicke? Dieß ſind meines
Erachtens ganz entgegen geſetzte, widerſprechende
Sätze: aber vielleicht ſind ſie es in ihrer Logik
nicht, oder vielleicht mag es ſeyn, daß der hei‑
lige Auguſtin den heiligen Paulus nicht ſo gut,

als

als fie, verftanden hat. Mein Herr Wittola!
wenn es ihnen ernft war zu fagen, einen Irrlehrer auch mit fcharfen Verweifen und Drohungen zu bekehren, fey wahrhafte Liebe, die fich
auf die Beyfpiele der Propheten, der Apoftel,
und Jefu Chrifti felbft gründe; wenn dieß ihr
Ernft war, fage ich, warum ereifern fie fich
dann fo fehr über Controverspredigten, oder,
was mir für eines gilt, über Schutzfchriften
unferer Religion? Warum verübeln fie es dem
Herrn Merz, wenn er fich hin und wieder gegen Irrende, und Irrlehrer nach den liebvolle-
ften Ausdrücken auch fcharfer Verweife, und
Drohungen bedient? warum muß bey ihm Un-
duldfamkeit, Lieblofigkeit, Menfchenverfolgung
feyn, was bey andern wahrhafte Liebe ift?
Warum müßen die Wahrheiten, die er vorträgt,
die unfrer Religion Ehre, und den andern
Schamröthe, und verdiente Schande machen,
warum müßen fie in Merzens Munde auf einmal Ausbrüche feines Verfolgungsgeiftes,
Schimpfe, Läfterungen, und Fälfchungen
werden? Warum äußern fie den duldfamen
Wunfch, daß er vom Predigtamte weggejaget
wür-

würde? — Herr Wittola! mit Machtsprüchen
haben sie uns allgemach genug abgespeiset; aber
ißt will ich bald wahre kernichte Beweise haben,
sonst kommen wir zuletzt noch heftiger hinter=
einander. Ich fodere sie heraus, vor der gan=
zen Welt, fodere ich sie heraus, zeigen sie uns
in allen Streitreden des Herrn Merz nur eine
einzige Schimpfung und Lästerung des Neben=
menschen: aber haben sie wohl Acht, daß sie
mit ihrer utrechtischen Brille in den Schriften
eines Exjesuiten nicht scharfe Verweise, und Dro=
hungen für Lästerungen ansehen; haben sie wohl
Acht, daß sie in ihren neuen Beweisen stärker
sind, als in jenen alten der fünf Falschheiten,
welche sie dem Herrn Merz wider den Hirten=
brief des hochwürdigsten Bischofes zu Gurk an=
dichten. Die Worte des Herrn Merz, aus de=
nen sie wenigst fünf Falschheiten herausgezogen
haben, lauten also:

„ Der Ausdruck Controvers ist dermal ein
„ gehäßiger Ausdruck. Man versteht unter
„ diesem allbereit nur Schimpf = Schmäh = und
„ verbitterende Reden. Diese sollen in altweg
„ abgeschaffet werden; weil sie in der That
mehr

„ mehr verderben als gut machen. „ (Bisher,
wohlgemerkt, Herr Wittola! noch kein Wort
vom Bischofe) „ Nennen wir sie nach der
„ weisen, und vorsichtigen Bestimmung des
„ hochwürdigsten Bischofes zu Gurk Unterrichts,
„ und Belehrungsreden, durch die sowohl die
„ Katholiken in ihrem Glauben wider alle An-
„ fälle einer Verführung gestärket, als auch die
„ Unkatholischen selbst mit einer eifrig, vernünf-
„ tig, und moderaten Verwendung von ihrem
„ Irrthume zuruckgeführet werden. . . Ueber
diese Worte beliebt es ihnen, süßer Herr Probst!
ohne weitere Umstände in folgende Machtsprüche
auszubrechen. „ Fast so viele Worte so viele
„ Falschheiten, * wo dem Bischofe bald, was
„ er nicht sagt, zugedichtet, bald, was er sagt,
„ weggespielt, oder vertrehet wird. Wir wollen hier etliche dieser Falschheiten beleuchten. . . .
Wohlan dann zur Sache!

1. Falschheit. Der Bischof meldet
nichts vom Ausdrucke Controvers ; noch

we-

* Hätt's Herr Wittola doch gleich Lügen genennet,
so könnte mans zu den ersten neun addiren.

weniger ſagt er, daß er erſt dermal ge=
häßig worden ſey. Sie müßen es vergeſſen
haben, Herr Wittola! daß ſie dieſen Ausdruck
Controverspredigten S. 44. ſelbſt aus
dem Hirtenbriefe herausgeſchrieben haben, in dem er
S. 5, Zeile 15 recht ausdrücklich und recht ſchön
gedruckt ſteht. Und, wo ſagt dann Herr Merz,
daß der Biſchof geſagt habe, der Ausdruck
Controvers ſey dermal ein gehäßiger Ausdruck?
Thun ſie doch ein Bißgen gemach Herr Wit=
tola, leſen ſie Merzens Worte bedachtſamer,
und wenn ſie ſelbe, wie es ſehr oft ſcheint,
nicht verſtehen, laſſen ſie ſichs verdollmetſchen,
und ſchieben ſie ihre erſte Falſchheit wieder in
ihren Sack.

2. Falſchheit. Er redet klar von dem
unter dieſem eigentlichen Namen bisher
verſtandenen Controversreden * Richtig,
Herr Wittola! Und wo hat Merz dem Herrn
Biſchofe dieß angeſtritten? Und wo iſt die
zweyte Falſchheit? Sehen ſie nur, wie nach=
giebig der intolerante Merz iſt: er will dieſem
Bi=

---

* Und doch hat er den Ausdruck Controvers
nicht angeſetzet??

Bischofe, ob er gleich nicht unter ihm steht, Folge leisten, und seine Reden in Zukunft nicht mehr Controversen, sondern Schutz, oder Vertheidigungsreden der katholischen Kirche und ihrer Lehre nennen. Ich glaube ewig nicht, daß ein katholischer Bischof einem katholischen Gottesgelehrten verbieten werde, oder könne, seine heilige Religion mit Bescheidenheit wider boshafte Angriffe mündlich und schriftlich zu schützen. Oder wer kann einem Kinde das Recht nehmen, seine angegriffene Mutter zu vertheidigen? -

3. Falschheit. Im ganzen Hirtenbriefe steht keine Bestimmung, daß man sie Unterrichts, oder Belehrungsreden nennen solle. Grundgelehrt Herr Wittola! Nur ein Dollmetscher gieng ihnen wieder ab. Merken sie dann wohl auf: Ein jedes Blatt hat zwey Seiten: am Ende der zweyten Seite des ersten Blattes, und am Anfange der ersten Seite des zweyten Blattes (Verstehen sie mich fein wohl, es ist um die vierte Falschheit zu thun) sagt der Herr Bischof von Gurk: er müßte aus Gelegenheit der eingeführten Duldung das jenige an die Seelsorger ver-

an-

anlaſſen, was zu ihrem Unterricht, und Be⸗
lehrung nothwendig ſeyn dürfte, um ſo wohl
die Katholiken wider alle Fälle einer Ver⸗
führung zu ſtärken, als auch die Unka⸗
tholiſche ſelbſt mit einer eifrig, vernünf⸗
tig, und moderaten Verwendung von
ihren Irrthume zurückzuführen. Nun aber
zur Stärkung der Katholiken, und zur Beleh⸗
rung der Unkatholiſchen werden wohl gute Bey⸗
ſpiele nicht erklecken, ſondern auch Unterrichts,
und Belehrungsreden vonnöthen ſeyn? Daß der
Herr Biſchof dieſe nicht, wie die unter dem
eigentlichen Namen verſtandene Con⸗
troverspredigten, verwirft, ſondern vielmehr
anbefiehlt, erhellt aus ſeinen eigenen Worten
genugſam. Am dritten Bl. erſter Seite ſagt
er, man müſſe die Unkatholiſchen durch Güte,
und eine annehmliche Art zur Anhörung
der Wahrheit vorbereiten, damit ſie
ſelbſt von dem Vorzuge unſerer Re⸗
ligion überzeuget, ihre Lehre anzuneh⸗
men ein Verlangen tragen. Wenn nun An⸗
dere die Wahrheit anhören, und davon über⸗
zeuget werden ſollen, wird es nicht höchſt noth⸗
wendig ſeyn, daß man Unterrichts, und Be⸗

leh⸗

lehrungsreden an sie halte? Ferner spricht der
Herr Bischof auf der zweyten Seite des nämli‑
chen Blates den Seelsorgern seines Kirchenspren‑
gels also zu : Damit das Heil der anver‑
trauten Pfarrskinder, so viel an euch ist,
sichergestellet , und unsere geheiligte Reli‑
gion selbst von so manchen nachtheili‑
gen Einwürfen unserer Glaubensgeg‑
ner geschützet werde, ist fordersamst noth‑
wendig, daß der Unterricht in der Chri‑
stenlehre mehr als jemals von euch ver‑
doppelt, und solcher auch in den sonntäg‑
lichen Predigten wiederholet , zu desto
mehrerem Eindrucke, und dießfälliger Ue‑
berzeugung aber nach Innhalt des großen
Normalkatechismus, so viel als möglich ,
auch die Texte aus der heiligen Schrift,
und die Meinungen der heiligen Väter
mit allem Fleiße aufgesuchet , und ange‑
führet werden. * Nu , Herr Wittola, sind
E   dieß

---

* Eine Predigt von solcher Einrichtung sieht einer
Controverspredigt ganz ähnlich ; nur daß dieser
Namen so verhaßt ist.

dieß nicht die wahren Worte des Herrn Bischo=
fes? Heißt dieß nicht Unterrichts=, und
Belehrungsreden bestimmen? Oder, da
sies nicht mehr Controversen nennen dürfen, so
schöpfen sie dem Kinde einen andern Namen,
wenn sie im Stande sind, und packen sie auch
mit ihrer dritten Falschheit schön stät ein! Ver=
danken sie es dem Herrn Merz vielmehr, daß
er durch diese Erklärung den Herrn Bischof vom
Widerspruche befreyet hat, in den sie ihn ver=
wickeln wollten. Denn nach ihrem Sinne be=
fiehlt der Bischof seinen Seelsorgern zu polemi=
siren, doch ohne zu polemisiren, dieß ist, wie
das Sprüchwort lautet, den Pelz zu waschen,
aber nicht naß zu machen.

4. Falschheit. Auf dem ersten, und
zweyten Blate des Hirtenbriefes ist kein
Wort von einer Controvers zu lesen.
Daß auf dem einten dieser Bläter der Ausdruck
Controvers zu lesen sey, hat Herr Merz nie
gesagt; daß aber dort auf Unterrichts = und
Belehrungsreden so ziemlich klar gedeutet sey,
dieß hat er gesagt, und dieß ist wahr. Ich
möchte fast glauben, Herr Wittola, weil er auf
dem

dem erſten und zweyten Blate gar nichts dergleichen fand, ſey ſo ſchlau geweſen, das Ti-
telblat des Hirtenbriefes, deſſen zweyte Seite
ganz leer iſt, für das erſte Blat anzuſehen,
und auf einem leeren Blate war es freylich
leicht, nichts zu finden, und eine Falſchheit ohne
Exiſtenz zu entdecken. — Herr Wittola! lieber noch ein Paar Machtſprüche, als einen ſol-
chen Beweis. So geht alſo auch die vierte
Falſchheit mit ihren artigen Schweſtergen zum
Vater Wittola zurück.

5. Falſchheit. Der Biſchof ſagt nicht,
daß ſolche Predigten die Gemüther nur
mehr erbittert, und von der Bekehrung
entfernet haben, weil man ſie Controverspredigten nennte, ſonderlich weil ſie es
eigentlich waren. Und Herr Merz ſagt es
auch nicht, und hat es nirgends geſagt; der
Herr Biſchof zu Gurk aber mag von beyden geſagt haben, was er will, ſo hat er gewiß unter
den verbothnen Controverspredigten die merzi-
ſchen nicht verſtanden, nicht verſtehen können:
erſtens, weil er Merzen nichts zu befehlen hat,
zweytens, weil Merz nach dem Zeugniße ehrli-

E 2   cher

cher gelehrter Katholicken niemal in seinen
Worten bissig, niemal in seinem Eifer un-
besonnen war; hiemit gehören seine Controversen, die immer Unterrichts - und Belehrungsreden waren, nicht in diese Classe, und
die fünfte Falschheit, wie alle übrigen, gehört
dem Herrn Wittola als wahrem Eigenthümer.
Uebrigens fodert der bescheidene Herr Probst
Merzen auf, daß er seine vorjährige Controverspredigt wider die Toleranz unter dem Namen
Vertheidigungsrede der katholischen Kirche,
und ihrer Lehre nach Gurk schicke, und dort
ihre Gutheißung einhole. Uns däucht, spricht
er im hohen Tone, er wird den weisen Hirten so wenig damit täuschen, so wenig
ihn die Busenbäume * getäuschet, da sie
den Hausdiebstahl *compensationem occultam*
benamset haben.

Und wir, Herr Wittola! (ich selbst bin
zwar nur einer, aber viele wackere Männer halten mit mir) wir fodern sie auf, daß sie ihre
Tole-

---

* Wo nennt Busenbaum Hausdiebstähle compensationem occultam? Sie sind ein Lügner, Herr
Wittola! bis sie es beweisen.

Toleranzschreiben, ihre Noten über Merzens Predigt nach Augsburg schicken, und dort ihre
Gutheißung einholen. Uns däucht, sie werden
den weisesten Hirten, und sein gelehrtestes Or-
dinariat so wenig damit täuschen, so wenig ihn
Eybel, und Büschinge getäuschet haben, die
den Römischen Stuhl so tief herabsetzen wollten.

Daß sie Merzens Frage, *Was ist der
Papst?* gleich so im Fluge eine **Schmähpre-
digt** wider den verdienstvollen Herrn Land-
rath **Eybel** zu nennen beliebet haben, sagten
sie so etwas, das bisher noch Niemand, und
Wittola zum allerwenigsten bewiesen hat, und
sieht so auf ein Haar einer Verleumdung, oder
Lästerung gleich, einem Paar Tugenden, die
Wittola im heroischen Grade besitzt, und die in
der Utrechter Kirche kanonisirt werden.

Itzt ein Paar Worte von der **unbefleckten
Empfängniß** der seligsten Mutter Gottes,
welche Herr Wittola in seinen Noten durch eine
einem Ketzer in Mund gelegte Frage zwar nur
obenhin berühret, in seinem dritten Schreiben
aber von Seite 73 bis 77 offenbar angestritten
hat.

E 3

hat. Die Sache verhält sich so : Wittola schrieb in seinen Noten über Merzens Predigt von der Toleranz unter andern auch dieß : Ein schlauer Ketzer hätte neumodische Theologen fragen können : Wie alt ist eure unbefleckte Empfängniß ? Herr Merz antwortete darauf in seiner 48 Frage : Es wäre ärgerlich , daß ein katholischer Priester die Person eines Protestanten angenommen , und so gefraget hätte. Ueber diese Ausdrücke strafet Herr Wittola Merzen einer recht boshaften Zudichtung , einer handgreiflichen Lüge. Wenn ich recht deutsch verstehe , so hat Merz nicht gedichtet , nicht gelogen , sondern recht gesagt ; und Wittola , da er einen Protestanten also fragen ließ , nahm wirklich selbst die Person eines Protestanten an. Die höchstbewährte Meinung von der unbefleckten Empfängniß Mariä , die in der ganzen katholischen Kirche so allgemein geworden ist , die er noch nie widerlegt hat, nicht widerlegen kann, nennt er Neuerung, neumodische Lehre, Schulfuchsereyen der Mönche, Träumereyen des Skotus , durch die Fürsten , und Staaten abgeschrecket worden seyen, in die Einigkeit der Kirche

che wieder zurückzutretten. Ich möchte nur ei,
nen einzigen dieser Fürsten und Staaten wissen,
weil ichs auf das Wort des Herrn Wittola,
der so oft lügt, nicht glauben kann. Er fährt
fort sich in der Bude seines gerechten Schmer,
zen zu beklagen, daß diejenigen mehr als un,
billig handelten *, welche, um vor dem Pö,
bel, katholischer, als ihre Mitchristen zu
scheinen, wider das wiederholte Verboth
der katholischen Kirche einen jeden, der
mit dem Schulfuchse Skotus nicht träu,
met, verketzern, und zu einem großen
Sünder machen **, ja auf den Sko,

E 4 tis,

***

* Und wie handeln dann jene, welche die Verthei,
diger der unbefleckten Empfängniß für andächtige
Dummköpfe, für Neuerer, für Schulfüchse, für Träu,
mer, und Kinder halten? Ist dieß nicht unbillig,
Herr Wittola?

** Wer preßt ihnen diese Klagen aus, Herr
Wittola? Merz gewiß nicht; denn der hat sie dieser
Ursache halber weder verketzert, weder zum großen
Sünder gemacht, zu dem sie ihn wegen seiner Pre,
digt wider die theologische Toleranz machen wollten.

tismus schwören, und Kinder * schwören
machen. Dieses für Protestanten und un-
terrichtete Katholiken entsetzliche Aergerniß
hätte unser weise Monarch neulich getil-
get, da er den von den Jesuiten ** ein-
ge-

---

* Nicht auf den Skotismus, sondern auf unwi-
derlegliche Gründe, daß Maria ohne Mackel empfangen worden sey, schwur man bisher, und
schwört noch, die österreichischen Erblande ausgenommen. Und wohlgemerkt, Herr Wittola! nicht Kinder
schwuren, Erzbischöfe, Bischöfe, Fürsten, Ritter,
Lehrer auf katholischen Universitäten, Männer schwuren, mit denen sich ein Wittola noch lange nicht mes-
sen darf. Welche Unverschämtheit, diesen Männern
mit einem nakten Machtspruche aufbürden, sie wären
Dummköpfe, Sklaven von Skotus, schlecht unter-
richtete Katholiken gewesen, sie hätten der Protestanten
entsetzliches Aergerniß gegeben. Unser Monarch hob
diesen Schwur auf, aber das Recht gab er ihnen nicht,
niederträchtiger Mann! Männer vom größten Range,
vom höchsten Adel, von größter Gelehrsamkeit zu
schimpfen.

** Wenn die Jesuiten die Einführung dieses Schwu-
res betrieben haben, wars ihnen nicht Schande, daß
aber sie den Schwur eingeführt haben, ist Lüge.

geführten Eid von der unbefleckten Empfängniß auf allen erbländischen Schulen abgeschaffet hat. — — Sollten diese Neuerer, spricht er weiter, in der Beförderung der Ehre der Heiligsten aus allen Geschöpfen glücklicher seyn? Das sieht man eben nicht. Sie ist zu groß, als daß sie auf ihre Erdichtungen anstände. Erdichtungen warens also, auf die in der katholischen Kirche bisher die angesehensten, die gelehrtesten Männer in unzahlbarer Menge schwuren? Und dieß sagen sie in einem so entscheidenden Tone, Herr Wittola? Wie muß es doch in ihrem Kopfe und Herze zugehen? Gegen die wiederholten Verbothe der Kirche, man sollte Niemand, der die unbefleckte Empfängniß betreffend einer andern Meynung wäre, verketzern, oder zu einem großen Sünder machen, tragen sie alle Achtung; das wiederholte Verboth der nämlichen katholischen Kirche entgegen, daß man die unbefleckte Empfängniß Mariä noch durch öffentliche Reden, noch Schriften anfechten sollte, macht ihnen gar keinen Kummer, und über die auf die Uebertreter dieses Verbothes geschlagene Kirchenstrafen springen sie groß-

E 5   mü

müthig hinüber. Vielleicht mag es in der utrechti=
schen Kirche so der Brauch seyn. Es wird ihnen
doch die Constitution von Papst Paulus V, die im
Jahre 1616 den 6 des Brachmonats an die ganze
Kirche heraus kam, nicht unbekannt seyn? Sie
werden ja wissen, was die general Congregation der
heil. römischen allgemeinen Inquisition in Gegen=
wart von Papst Paulus V im Jahre 1617 den 31
des Augusts für die ganze Kirche beschlossen hat?
Es ist wahr, daß in diesem Dekrete das ausdrück=
liche Verboth steht, daß man keine von beyden
Meinungen als ketzerisch, ja nicht einmal, merken
sies wohl, Herr Wittola! nicht einmal als irrig
erklären sollte. * Nichtsdestoweniger, sind die
Worte des Dekretes, wenn man in öffentlichen
Predigten, Vorlesungen, Schulschlüßen,
und öffentlichen Handlungen behauptet, daß
die seligste Jungfrau mit der Erbsünde em=
pfangen worden sey, entstehen unter dem
christ=

---

* Nihilominus ex occafione aſſertionis affirma-
tivæ in publicis concionibus, lectionibus, con-
clufionibus, & actibus publicis: quod eadem Beatiſſima Virgo fuerit cum peccato originali concepta, oriuntur in populo chriſtiano cum magna Dei
offenſa ſcandala, jurgia, & diſſenſiones.

chriſtlichen Volke mit großer Beleidi=
gung Gottes, Aergerniße, Zänke, und
Uneinigkeiten.

II. Deßwegen, dergleichen Aergernißen
gemäß ſeines Amtes vorzubeugen, be=
ſchloß ſeine Heiligkeit, und befiehlt kraft
des gegenwärtigen Dekretes allen und je=
den Ordensgeiſtlichen, Weltgeiſtlichen,
und weltlichen Perſonen von was immer
fü=

II. Propterea volens hujusmodi ſcandalis
ex debito ſui muneris providere, decrevit, ac
præcepit, ac præſentis Decreti virtute mandat &
præcipit omnibus, & ſingulis cujusvis Ordinis, &
inſtituti Regularibus, & aliis quibuscunque tam
eccleſiaſticis, quam ſæcularibus perſonis, cujusvis
conditionis, ſtatus, gradus, ordinis, aut dignita-
tis tam eccleſiaſticæ, quam ſæcularis, etiamſi ſpe-
cialis, ſpecifica, & individua earum eſſet neceſſa-
rio mentio facienda, ut in poſterum, donec arti-
culus hujusmodi a ſancta Sede apoſtolica fuerit dif-
finitus, vel per Sanctitatem ſuam, & Sedem apo-
ſtolicam fuerit aliter ordinatum, non audeant in
publicis concionibus, lectionibus, concluſionibus,
& aliis quibuscunque actibus publicis aſſerere,
quod eadem Beatiſſima Virgo fuerit concepta cum
peccato originali. *Decret. general.*

für einem Stande, Range, Ansehen, und
Würde, diese möge geistlich, oder weltlich
seyn, wenns auch vonnöthen wäre, mit na=
mentlicher ausgezeichneter, und sonderheit=
licher Benennung, daß sie in Zukunft sich
nicht unterstehen sollen, in öffentlichen Pre=
digten, Vorlesungen, Schulschlüßen, oder
in was immer für andern öffentlichen Hand=
lungen zu behaupten, daß die seligste Jung=
frau mit der Erbsünde empfangen worden
sey, bis es der heilige päpstliche Stuhl ent=
scheiden, oder anders verordnen wird. So
lauten die Worte des Dekretes, und gleich darauf
folgen die Kirchenstrafen, in welche die Uebertreter
ipso facto verfallen. — Nun Herr Wittola!
wenn sie Verbothe der Kirche, die ihnen günstig
sind, so gerne anführen, und gelten laßen, werden
sie ja auch gegen jene, die wider sie sind, Respekt
tragen; sie werden nicht mehr behaupten, was
die Kirche zu behaupten verbietet, sie werden die
gottselige so bewährte Meinung von der unbe=
fleckten Empfängniß Mariä, der die Kirche so
vorzüglich günstig ist, nicht mehr Schulfuch=
serey, Mönchentraum, und Erdichtung
nennen, sie werden, wenn sie doch noch ehrlich
den=

denken, ſelbſt geſtehen, daß ſie als ein katholi⸗
ſcher Prieſter wirklich ärgerlich gehandelt, ſie
werden ihr Gewiſſen erforſchen, ob ſie nicht et⸗
wa wirklich in die Kirchenſtrafen verfallen ſind.
Und den Schwur, die unbefleckte Empfängniß
zu vertheidigen, werden ſie auch nicht mehr für
ſo dumm und ärgerlich halten, da ihn die Kir⸗
che weiß, und ſelbſt geſtattet, oder wenigſt nie
widerſprochen hat. Auf eine moraliſche Gewiß⸗
heit zu ſchwören, ward noch nie für ärgerlich
gehalten; nun aber da die allgemeine Kirche ge⸗
bothen hat, das Feſt der unbefleckten Empfäng⸗
niß feyerlich zu begehen; da es wenigſt eine mo⸗
raliſche Gewißheit iſt, daß die wahre Kirche kei⸗
ne unächte abergläubiſche Verehrung feyerlich
gutheißen, und gebiethen kann, ſo muß auch die
unbefleckte Empfängniß Mariä nothwendig eine
moraliſche Gewißheit ſeyn; alſo iſts nicht Schul⸗
fuchſerey, nicht Traum, nicht Erdichtung. —
Daß ſie ſagen, Herr Wittola! die Kirche be⸗
diene ſich des bloßen Ausdruckes Empfängniß,
ohne das Beywort unbefleckt hinzuzuſetzen, kön⸗
nen ſie als Theolog aus den Bullen Alexander
VII, Sixtus IV, Gregorius XV, Paulus V
ganz deutlich abnehmen, daß die Kirche wirklich,

und

und wahrhaft die unbefleckte Empfängniß
verstehe. Sixtus IV hat es klar entwickelt, da
er in seiner Conſtitution *Grave illis &c. &c.
in Extravag.* alſo ſchrieb : Es haben ſich
einige Lehrer verſchiedner Orden nicht ge-
ſchämet zu behaupten , daß die Römiſche
Kirche nur die geiſtliche Empfängniß ,
oder die Heiligmachung der ſeligſten Jungfrau feyre : dieſen verwegnen, und grund-
falſchen Meinungen wollten wir vor-
beugen 2c. Iſt dieß nicht deutlich genug Herr
Wittola ? Was ihren Einwurf aus dem heiligen Bernard betrifft , kann ich ſie verſichern ,
wohlweiſer Herr Probſt! daß ſie da gar nichts
neues erfunden haben : Ihnen als einem ſo
ſtarken Theologen kanns nicht unbekannt ſeyn ,
daß katholiſche Theologen wohl ſchon hundertmal
recht gründlich darauf geantwortet haben , und
unſrer heiligen Kirche werden ſie endlich auch ſo
viele Einſicht zumuthen , daß ihr der Text des
heiligen Bernards ſchon lange vor ihnen bekannt
war. Und fanden ſie in der Warnung des heiligen Bernards an die Domherren zu Lion ſonſt
nichts , Herr Wittola ? Haben ſies etwa nur

zufälliger Weise ausgelaſſen, daß der heilige Kirchenlehrer beygeſetzt hat : Wenn ihr dieſer
Meinung ſeyn wollet, ſo müßtet ihr euch
zu erſt bey dem römiſchen Stuhle darüber
anfragen. Epiſt. 174 ad Canon. Lugdun.
Was würde wohl der heilige Bernard zu unſern
Zeiten ſchreiben, wenn er ſehen würde, daß das
Feſt der unbefleckten Empfängniß nicht nur
mit Einwilligung, und Gutheißung, ſondern ſo
gar aus Befehl des päpſtlichen Stuhles nicht
allein von den Domherren zu Lion, ſondern von
der ganzen Kirche feyerlich begangen werde? Zu
dem könnten ſie als Theolog wiſſen, und ſie hätten
es aufrichtig beyſetzen ſollen, daß der heilige
Vater am Ende des nämlichen Briefes ſo ge-
ſchrieben hat : Dieß, und alles andere, es
mag ſeyn, was es will, unterwerfe ich
vollkommen dem Anſehen, und Unterſu-
chung der römiſchen Kirche, und bin be-
reitet, auf ihr Urtheil meine Geſinnungen
zu ändern. Und ſo werden ſie ja auch denken, Herr Probſt? Hiemit wollen wir dieſen
Punkt betreffend im lieben Frieden aus einander
gehen, wir wollen auf der alten gründlichen

Mei-

Meinung verharren, bis die Kirche entscheidend
darüber spricht; und, ich versichere sie auf meine
Seligkeit, wir werden wohl fahren, wenn wir
nichts anders, als dieß zu verantworten haben.

Ißt sind nur noch einige kleine Punkten
übrig, die ich mit ihnen im Vertrauen abma-
chen muß. Seite 31 (ich verstehe in ihren
Noten) sagten sie, wenn sie sich noch erinnern
können, Note *b.* frisch von der Brust weg:
Keine leibliche Strafgewalt, die eigentlich allein Gewalt heißen soll, hat die Kirche gewiß nicht: was immer die Bellar-
ministen und Stattlerianer sagen mögen.*
Und nur ein Paar Zeilen höher oben sprachen
sie ohne alle Noth, und Zwang : Wer spricht
dann der Kirche die geistliche Macht ab,
Verführer und falsche Lehrer mit Bußen
— — zu züchtigen ? Nun möchte ich doch
gerne wissen, was sie unter den Bußen verstehen, ob sie der Kirche das uralte Recht, das
                                         sie

---

* Wider hundert andere, die eben dieß gelehret
haben, hat Herr Wittola nichts einzuwenden, weil sie
keine Jesuiten waren.

sie schon vor Olims Zeiten hatte, mit geistlicher Gewalt leibliche Abtödtungen, als da sind Fasten, Geiseln 2c. 2c. noch gestatten, oder aus Neuerungs, und Aufklärungsliebe absprechen wollen, oder ob sie, wenn sie der Kirche diese Gewalt noch gütigst gestatten, mit Wahrheit sagen können : **Keine leibliche Strafgewalt hat die Kirche gewiß nicht?** Wenn ein Pfarrkind, das gar keine starke Arbeiten hat, und als ein katholischer Christ der Kirche, und dem Römischen Stuhle gehorsamen muß, ihnen als seinem Pfarrherrn beichten sollte, es hätte wider das Verboth der Kirche vor andern Leuten die unbefleckte Empfängniß Mariä schimpflich angestritten, und wenn sie ihm zur heilsamen Buße eine gewiße Fasten, oder eine andere leibliche Abtödtung auflegen wollten, wäre wohl das Pfarrkind schuldig zu gehorsamen? oder därfte es seinem würdigen Seelsorger ins Gesicht sagen : Die Kirche hat keine Gewalt, mir eine leibliche Strafe aufzulegen? Was sagen sie Herr Wittola? Es giebt doch gar so viele Beichtväter, so gar unter der laren Exjesuitenzunft, die ihren Beichtkindern nach dem

F   Maa-

Maaße der Verbrechen leibliche Abtödtungen, oder Bußwerke auflegen, und sollen alle diese kein Recht dazu haben? Besinnen sie sich ein bißgen darüber Herr Wittola! und werfen sie ein Paar Blicke auf die uralte Kirchendisciplin, die sie so sehr zurückwünschen.

Seite 38. Note c. schrieben sie : Der apostolische Geist Sr. päpstlichen Heiligkeit Klemens *XIV* hat gleichwohl mit der nothwendigen Aufhebung eines Ordens die Toleranz der Glieder desselben so zu vereinbaren gewußt, daß er uns allen sie zu lieben, und zu dulden auf das nachdrücklichste anbefiehlt. Herr Probst! Keine von ihren Noten las ich mit größerer Erstaunung, als diese, weil ich in keiner ein auffallenderes Zeugniß fand, wie sehr sich ihre Worte, und Werke widersprechen. Im Munde führen sie immer nichts als Duldung und Liebe, im Herze entgegen die bitterste Galle, den unversöhnlichsten Haß gegen alles, was jemal jesuitisch hieß, und noch heißt. Hätte Klemens XIV gegen die unterdrückte Gesellschaft Groll, und Feindschaft, und Verfolgung gebothen, was hätten sie wohl,

sei-

feinem Befehle zu gehorsamen , anders thun
können, als was sie bisher thaten ? Was sind
ihre Worte über Merzens Predigt großen Theils
anders , als bissige Spöttereyen , Schimpfe ,
Lügen und Lästerungen über lebendige, und todte
Jesuiten ? Was suchten sie in dieser, und an=
dern ihren Schriften so sorgfältig, als alle recht
schändliche Falschheiten, Anschwärzungen , und
Verleumdungen, die je der schwarze Lügen, und
Verfolgungsgeist des pestilenzischen Portroyals ,
und einiger liebloser, und niederträchtiger Män=
ner ausgehecket hat, und die selbst von Päpsten,
und den größten Bischöfen gründlichst widerle=
get worden sind , auf ein neues aufzuwärmen,
und unter einer zahlreichen Begleitschaft von
nichts beweisenden Machtsprüchen in die Welt
hinaus zu senden ? Was suchten sie mehrer , als
diesen ihren , gewiß nicht heiligen Geist, damit
er nicht einst mit ihnen zu Grabe gienge, auch
ihren gedungenen Schildknechten , besonders ei=
nem bekannten Schwärzel einzuflößen ? Und
nach solchen Handlungen unterstehen sie sich ,
noch von Liebe , und Duldung gegen die Jesuite
zu reden , und der ehrlichen Welt mit Worten

zu

zu zeigen, was sie im Werke hätten thun sollen,
aber nicht gethan haben? Auf, Herr Wittola!
Wenn ihnen meine Vorwürfe ungegründet scheinen, widerlegen sie, aber mit Beweisen, nicht
mit neuen Lästerungen, was Wahrmund wider sie geschrieben hat, oder sie sind der schänd-
lichste, lieblosefte, der niederträchtigste Verleumder, den je Gottes Erdboden trug. Wenn
sie dieß zu Stand bringen, versichere ich sie schon
ißt vor dem ganzen Publikum auf meine Ehre,
und auf das Heil meiner Seele, daß ich sie in
einem öffentlichen Wiederrufe um Verzeihung bitten, und ihnen ihre Ehre wieder zurückgeben
werde. Können sie aber dieß nicht, so sehen sie
selbst, zu was sie ihr Gewissen verbindt; denn
ich glaube immer noch, daß es in der Utrechter
Kirche so gut als bey den Probabilisten Pflicht
ist, die geraubte Ehre wieder zurückzustellen.

Gleich auf der nächsten Seite Note e sagt
Herr Wittola wieder etwas ganz sonderbares,
daß nämlich Geduld, und Toleranz ein Ding
sey. Dieß wäre doch unvergleichlich, wenn all
diejenigen, welche nach dem Befehle unsres Mo-
narchen Toleranten geworden sind, nun auch

zu

zugleich die schöne Tugend der Geduld besäßen. Toleranz erstreckt sich meinen Begriffen nach auf Menschen ; leutselige Uebertragung , redlicher freundschaftlicher Umgang mit Menschen sind ihr Gegenstand. Der Gegenstand der Geduld ent-gegen sind innerliche , und äußerliche Trübsalen, derer es doch unzahlbare giebt , die nicht von Menschen herrühren. Herr Wittola ist , ich will eben nicht sagen , gegen Glaubensbrüder, aber doch wenigst gegen Protestanten sehr tole-rant ; ob er zugleich geduldig sey , will ich ihm nicht abstreiten, doch läßt es sich zweifeln, und aus der Toleranz folgt es nicht. Glauben sie dann wirklich , Herr Wittola ! daß unser Monarch , nachdem er die Toleranz in seinen Staaten eingeführet, itzt wirklich etliche Millio-nen lauter geduldiger Unterthanen zähle ? Glauben sie , daß alle Soldaten, welche die Toleranz gelernet haben, itzt aus dieser Ursache auch Frost , und Hitze , Hagel , und Regen , starke Märsche , ermüdende Strapazen, Hunger, und Durst ganz unverdrossen , und gedul-dig ertragen würden ? O der heiligen Solda-ten, die unser Monarch in Zukunft haben wird !

So

So hat es dann bisher, da viele tausend Menschen so ungeduldig waren, nur an der Toleranz
gefehlet ! Wir wollen die Sache noch durch
mehrere auffallende Beyspiele erklären. Jesus
Christus unser Heiland war gegen die Heucheley
der Pharisäer, gegen die Käufer, und Verkäu-
fer im Tempel nicht tolerant, und doch war er
der Gedultigste unter den Menschenkindern.
Der heilige Peter war gegen den Zauberer Si-
mon, gegen Ananias, und Saphira nicht tolerant, aber Geduld werden sie dem großen
Apostel doch nicht absprechen. Die heiligen
Väter, und Kirchenlehrer Athanasius, Hilarius,
Chrysostomus ꝛc. ꝛc. waren gegen die Arianer
gar nicht tolerant, und doch litten sie die grau-
samsten Verfolgungen derselben mit größter Geduld, und Heldenmuth. Hiemit, meyne ich,
ists auch ohne Machtsprüche bewiesen, daß Toleranz ohne Geduld, und Geduld ohne Toleranz
bestehen kann, und daß also Toleranz, und
Geduld nicht ein Ding ist. Und was folgt
daraus ? Ein kleiner Schnitzer von Wittola.

Wenn ich nicht glaubte, daß diese Beyspiele sonderbarer Sätze erklecklich wären, die
ganze

ganze Denkungsart des Herrn Wittola genug=
sam aufzudecken, könnte ich leicht noch mehrere
anführen. Itzt noch in ganzem Ernste

V §.

Ein Paar Worte an Herrn Wittola.

Vergeben sie mir, hochwürdiger Herr Probst!
wenn sie glauben, ich habe ihnen die
Wahrheit gar zu derb gesaget. Ich dachte mir,
und ich habe recht gedacht, wenn ein Mensch,
sollte er auch die größte Figur in der Welt ma=
chen, eine so niederträchtige Seele hat, daß er
sich berechtiget glaubt, offenbare Schimpfe, Lü=
gen und Verleumdungen wider seinen Nächsten
in die Welt hineinzuschreiben, so könne es einem
ehrlichen Manne Niemand verbiethen, sich der
gerechten Sache anzunehmen, seinen Nächsten
wider boshafte Anfälle zu schützen, und dem
Verleumder, vielleicht zu seiner Besserung, nach
seinen Verdiensten eine beissende Lauge aufzugie=
ßen. Ich bin ein Oesterreicher, ich bin tolerant,
ich trage gegen ihre Person Ehrerbiethung, und
Nächstenliebe, aber gegen ihre Schriften, gegen
F 4   ihre

ihre Machtsprüche, gegen ihre Leidenschaften, gegen ihre Lästerungen nicht. Der würdige Herr Domprediger Merz hat sich in den vielen Jahren, die er im Predigtamte zugebracht, zu viele Verdienste gesammelt, er hat sich bey sehr vielen, bey den angesehensten, bey den gelehrtesten Oesterreichern zu viele Schätzung erworben, als daß ich eine so gräuliche Mißhandlung dieses Mannes mit kaltem Blute dulden könnte. Denken sie zurück Herr Probst! wie sie mit diesem ehrwürdigen Manne verfahren sind. Niemal, sie müssen es selbst sagen, hatte er ihnen das geringste Leid zugefüget, niemal auch nur mit einem Wörtgen hat er sie mishandelt. Nun sagte er in seiner Rede wider die Toleranz, daß jene Duldung, die aus der Gleichgiltigkeit gegen alle Religionen entspringt, dem Charakter Jesu Christi, und dem Geiste der allerersten Kirche schnurgerad zuwiderlaufe. Eine Wahrheit, die kein Katholik in Zweifel ziehen kann; und sie fuhren als Katholik, als Priester, als Pfarrer, als Probst mit einer solchen Wut über seine Predigt her, als wenn sie den größten Bö

sewicht

sewicht vor sich gehabt hätten, als wenn sie von einem tollen Hunde wären gebissen worden. Sie trugen kein Bedenken, den rechtschaffensten Mann als einen unsinnigen, als einen blutdürstigen Menschenverfolger, als einen Schriftfälscher, als einen Fürsten ⸗ Apostel ⸗ und Gotteslästerer zu schildern, und dieß aus so seichten, aus so kindischen Gründen, daß sie selbst, wenn sie je noch einer Schame fähig sind, darüber erröthen müßen. Da ihnen Herr Merz dieser so falschen, als unartigen Ausdrücke halber in seinen 53 Fragen Vorwürfe machte, sahen sie wohl selbst ein, daß sie lauter blinde Ausfälle gewaget hätten; sie wollten sich aus dem Gedrenge helfen, aber mit einer Unverschämtheit, die die vorige weit übertraf. Sie läugneten vom Stumpen hinweg, daß sie den Herrn Merz jemal so betitelt hätten: mit einer neuen unbegreiflich kühnen Verleumdung beschuldigten sie ihn neun aufgelegter Lügen: sie waren verwegen, und unverschämt genug, das ganze Publikum aufzufodern, daß es ihre Noten lesen, und Merzens Lügen selbst mit Augen sehen sollte. Ja, man hats gelesen, Herr Probst! und mit Erstaunung hat man

F 5 nicht

nicht merzische , sondern wittolaische Lügen ,
und Falschheiten , und Lästerungen ohne alle
Mühe, ohne Vergrößerungsglas entdecket ; denn
es sind keine Mücken , sondern lauter Elephanten
von der ersten Größe. Ich gestehe es ihnen
aufrichtig Herr Probst ! durch ihre so dreiste
Auffoderung machten sie mich höchstbegierig ,
ihre Noten, die ich schon einmal gelesen hatte,
wieder zu lesen ; ich zitterte wirklich für Merzens
Ehre , weil ich noch nicht gänzlich überzeuget
war , daß man ihnen gar kein Wort ohne Gefahr des Betruges glauben dürfte ; aber wie er-
staunte ich, wie schämte ich mich für Sie, da
ich die Vorwürfe, die ihnen Herr Merz machte,
überall in ihren Noten gerechtfertiget , und sie
auf einem jeden Blate als den vorsetzlichsten
Lügner fand ! Was dachten sie doch um des
Himmelswillen, Herr Probst ! glaubten sie etwa,
nur Kinder und Dummköpfe würden ihre Noten lesen ? glaubten sie etwa , sie hätten ihre
Lästerungen wider Merzen so fein, und verdeckt
angebracht , daß sie gesunde Menschenvernunft
nicht aufdecken könnte ? Wie ? so unerträglich
stolz könnten sie seyn ? so schlecht könnten sie

von dem Publikum denken? Ja, das konnten
sie, mein Herr! denn, da sie allein in Merzens
Predigt die gräulichsten Schriftfälschungen, die
schrecklichsten Apostel = und Gotteslästerungen,
fanden, müßen sie nothwendig den würdigen vom
hochwürdigsten Bischofe zu Augsburg aufge=
stellten Censor, und tausend andere gelehrte,
einsichtsvolle Männer, die nichts solches sahen,
und fanden, für Dummköpfe, oder gar für
Bösewichte gehalten haben, die oder nicht Ver=
nunft, und Gelehrsamkeit genug besäßen, das
Aergerniß zu entdecken, oder nicht Gottesfurcht,
und Muth genug, selbes zu unterdrücken. Her=
aus mit der Sprache, wenn sie eines von bey=
den behaupten wollen, damit diese ehrlichen
Männer wissen, wie sie sich gegen den Herrn
Pfarrer, und Probst zu Probstdorf zu verthei=
digen haben! Die rasenden Anfälle, die sie
auf Merzens Ehre und guten Namen, ohne je=
mal von ihm beleidigt worden zu seyn, gema=
chet haben, könnten dem ehrlichen Manne, der
von den ihm aufgebürdeten Schandthaten immer
weit entfernet war, billig wehe thun, wenn
er nicht wüßte, daß es schon ihr Brauch so ist,

die

die ehrlichsten und rechtschaffensten Männer von der Welt spöttlich zu mißhandeln, und sie den wilden Ausbruch ihrer tollen Wut fühlen zu laſſen. So verfuhren ſie in ihrem dritten Schreiben (aber gewiß nicht nach den Grund=ſätzen der katholiſchen Kirche, wie ſie auf dem Titelblate lügen) mit all denjenigen, die zur Ehre der ſeligſten Mutter Gottes ihre un=befleckte Empfängniß vertheidigen. So verfuh=ren ſie ſchon lange unerachtet des Verbothes von Klemens dem XIV mit 20000 Männern der aufgehobenen Geſellſchaft Jeſu, denen ſie gleich=ſam als einer Rotte von den verruchteſten Bö=ſewichtern ohne einzigen Beweis die ſchänd=lichſten Laſter aufbürden. So verfuhren ſie mit andern Ordensſtänden, gegen die ſie bey jeder Gelegenheit, wenn ſies gleich bey den Haaren herziehen müßen, den bitterſten Haß blicken laſ=ſen. So verfuhren ſie ſelbſt mit ihren geiſtli=chen Mitbrüdern mit den Pfarrherrn in Ober=öſterreich, die ſie, wenige ausgenommen, mit einem entſcheidenden Machtſpruche ſorg = und lieblose Miethlinge nennen, denen ſie die eigent=liche Urſache des Abfalles ſo vieler Katholiken

zu=

zuſchreiben. Ich glaube ewig nicht, daß dieſe ehrwürdigen Männer dieſe zugemuthete Schande auf ſich werden liegen laſſen; gleichwie ich unmöglich glauben kann, daß ſie in dieſem Punkte die Wahrheit geredet haben, welche ſie in allen ihren Ausfällen auf die Ehre des Nächſten bisher wunderſelten zur Führerinn, und Begleiterinn hatten. So verfuhren ſie endlich ohne alle Urſache mit Männern, die ſchon aus dieſem Leben ausgetretten ſind, und dem höchſten Richter von ihren Handlungen Rechenſchaft gegeben haben: Mit einem Malagrida, an deſſen Unſchuld, ſeitdem Pombals Grauſamkeiten aufgedecket ſind, ſelbſt manche Jeſuitenfeinde nicht mehr zweifeln: mit einem Herrn Gaßner, Pfarrer zu Ponndorf ſ. g. den ſie für den ſchändlichſten Betrüger, für den ärgerlichſten Schwärmer ausſchreyen, wenn gleich, ich darf ſchier ſagen, hundert tauſend Menſchen, worunter ſehr viele Prieſter, Gottesgelehrte, Rechtsgelehrte, Lehrer der Philoſophie, und der Arzneykunſt, und zwar von verſchiedenen Religionen, wenn gleich Pröbſte, Prälaten, Domherren, Domdekanen, Fürſten, und Biſchöfe,

Per

Perfonen vom höchſten Range, und größter
Einſicht ſein Andenken in Ehren halten, und
ihn noch in ſeinem Grabe ſegnen. So gar pro-
teſtantiſche Gelehrte, die ihn kennen gelernet,
und mit ihm Umgang gepflogen, machten ihm
die Redlichkeit, und Ehrlichkeit von weitem nicht
ſtrittig: ſie nannten ihn einen wahren Iſraeli-
ten, der ſo gar eines Betruges unfähig wäre.
Und ſie ein Katholik — ein Prieſter — ein Probſt
ſollen ihn den ſchändlichſten Betrüger nennen?
— Pfuy des wilden Karakters! Oder ſagen ſie
mir, gallſüchtiger Herr! der ſie immer Sanft-
muth, und Duldung predigen, iſt dieß der
wahre Geiſt der Duldung, der Liebe, des E-
vangeliums? — Geſetzt auch, daß alles wahr
wäre, was ſie wider Nebenmenſchen, Glaubens-
und Amtsbrüder in die weite Welt hinausge-
ſchrieben haben, wäre ein ſolches Verfahren
nicht die größte Liebloſigkeit? Nun aber, da
ſie handgreiflich der ärgſten Lügen, Läſterungen,
und Verleumdungen überwieſen ſind, was ſoll
man von ihnen denken, was ſoll man ſagen?
— Wehe den Ehrabſchneidern, Wehe den Ver-
leumdern ihrer Brüder! — Herr Probſt!

ich

ich sage es ihnen auf meine Ehre : Ich würde
mir fürchten mit ihnen an einem Tische zu essen.
Doch ich muß es enden; gerechter Unmuth könn=
te mir noch mehrere bittere Ausdrücke abzwin=
gen. Zum Beschluße sage ich ihnen, daß sie dem
Herrn Domprediger Merz auf 53 Fragen noch 53
Antworten schuldig sind. Im Uebrigen vergeben
sie mir, wenn sie glauben, ich habe sie zu hart
hergenommen, und denken sie sich, was sie in
ihrem dritten Schreiben Seite 67 gesaget haben:
Ein Schuster muß es sich allemal gefallen
lassen, daß man ihn den Schuster nennt.
Wer für einen Menschenverfolger nicht
gelten will, muß seine Mitmenschen we=
der verfolgen, weder andere zu ihrer
Verfolgung erwecken. Leben sie wohl, und
verwenden sie ihr schönes Talent zu schreiben,
wenn sie ferner Lust dazu haben, auf einen Ge=
genstand, bey dem sie die Wahrheit auf ihrer
Seite haben, wider Feinde, nicht wider Ver=
theidiger unserer heiligen Religion !

G   Am

Am Ende will ich ihnen noch ein aufrichtiges Bekenntniß machen. Sie könnten etwa fragen, warum Herr Merz nicht selbst wider sie geschrieben hätte? Ich sage es ihnen frey: Ich that alles, den Herrn Merz zu bewegen, daß er ihre neuen Lästerungen nicht ungeahndet lassen sollte; ich bracht aber nichts zuwegen, als daß er mir diese Antwort schrieb:

„ Entweders hat der Herr Probst Wittola so viele Einsicht, daß er erkennt, er habe auf allen Seiten Unrecht, oder hat er nicht so viele Einsicht. Hat ers nicht, so ist er einer Ueberzeugung unfähig; hat ers aber, so kann ich aus seinem bisherigen höchst unbilligen Betragen nichts anders erwarten, als daß er wieder mit neuen Absprüngen, Verdrehungen, und Verleumdungen aufziehen wird, wie ers das erste = und zweytemal that; denn in diesem Stücke hat er den stärksten Praxis, und eine ungemeine Fertigkeit. Mit solchen Männern kömmt man dann nie an ein Ende. Wer Wahrheit suchen will, darf nur frey von Vorurtheilen meine Predigt von der Toleranz, und meine 53 an Herrn Wittola gestellte Fragen lesen,

so

so bin ich ohne weiters vor dem unpar=
theyischen Publikum gerechtfertiget. Auch Wit=
tola , und sein Anhang werden mich in der
Stille für gerechtfertiget halten ; aber bekennen
werden sie es nie ; weil ich nicht, wie sie , ge=
sinnet , und noch dazu ein Exjesuit bin. War=
um sollte ich also ferner wider einen solchen
Gegner schreiben ?   Zu dem allem stände ich
noch in Gefahr, mit diesem bekannten, und in
einem Charakter stehenden Herrn eine rauhere
Sprache zu führen , und dieser Gefahr mag
ich mich nicht aussetzen. „ — Dieß war seine
Antwort. Ich aber dacht mir : Schreibt Herr
Merz nicht , so schreibe ich , und schreibe so ,
daß mir Herr Wittola mit Grunde nicht ant=
worten kann , und beliebt es ihm , statt einer
gründlichen Antwort auch mich zu schimpfen ,
so ists mir nicht unerwartet , und
kränkt mich nicht.

An=

Anhang.

Es kam unlängst eine Piece in Vorschein, der Prediger und Phantasten Allmanach betitelt. In meinem Leben las ich nichts gröberes, nichts unverschämteres, nichts ehrvergeßneres. Ich fodere alle ehrliche gelehrte Männer, die diese Schandschrift gelesen haben, heraus, ob sie nicht eben dieses Urtheil davon fällen müßen. Nichts von den pöbelhaften, niederträchtigen, lotterbübischen, und aller Vernunft, und Ehrbarkeit zuwider laufenden Ausdrücken zu melden, die in dieser Scharteke vorkommen, ist es schon Schande, und Bubenstück genug, daß der schamlose Schmierer (Boots-

knecht,

knecht, hätte ich sagen sollen) Männer von höchster Würde, Churfürsten, Fürsten, Erzbischöfe,
Bischöfe ꝛc. ꝛc. Männer von bekannter Tugend,
von ausnehmender Gelehrsamkeit, Männer, die
sich durch ihre Schriften um das gemeine Wesen
bestens verdient gemacht haben, recht schändlich
verhöhnet, mishandelt, und in die Zahl der
Phantasten versetzet hat. — Sage uns dann
elender, kriechender Spötter! wer du immer bist,
unter was immer für einer Larve du deine Bosheit, und dein teuflisches Hohngelächter verbirgst,
sage uns: wenn die größten, die angesehensten
Männer, welche die Rechte der Kirche vertheidigen, die Heiligkeit, und Reinigkeit der wahren
Religion wider vielfältige Angriffe der Gottlosen
beschützen, den heiligsten, und untadelhaften
Gebräuchen unsrer Vorältern das Wort sprechen,
sich dem immer anwachsenden Schwalle ruchlofer
Freygeister widersetzen, mit der Stärke ihres
Geistes, und ihrer Beweise wider Glaubensfeinde, wider sogenannte eben so untaugliche, als
unberufene Religionsfeger kämpfen, das reine
Wort Gottes unerschrocken, ohne menschlichen
Respekt predigen, sage uns, wenn diese Männer

Phan

Phantaſten ſind , wo ſind dann jene aufgeklärten Köpfe, jene Salomonen, bey denen wir die
wahre Weisheit ſuchen müßen ? Liefere uns
auch von dieſen einen Allmanach , damit wir
dieſe auserwählten Geſchöpfe kennen lernen.
Sinds vielleicht biſſige Recenſenten , welche lä-
ſtern, was ſie nicht verſtehen, einige muthwillige
Journaliſten, und Zeitungsſchreiber , ein abge-
dankter baieriſcher Zuſchauer ? Sinds vielleicht
Eybel , Wittola , Rautenſtrauch , Cremeri ,
Blumauer ꝛc. ꝛc. und Du ? O , ſo entdecke
dich , wirf deine Larve weg , damit wir die
Strahlen deiner Weisheit ſehen , und bewundern
können ! Doch nein: wenn wir aus ſo ſchlam-
michten Quellen ſchöpfen, wenn wir von Leuten,
die ſich durch ärgerliche Schriften der ehrlichen
Welt nur zu viel zu erkennen gegeben haben ,
Weisheit lernen ſollen , wenn dieſe , und ihres
gleichen in deinen Begriffen die wahren Weiſen
ſind , ſo wollen wir Gott bitten , daß er uns
immer ſolche Phantaſten bleiben läßt , wie wir
in deinem verdorbenen Sinne ſind ; denn deine
ganze Denkungsart macht mich fürchten, daß du,
und manche andere , die du für Weiſe hältſt ,

viel-

villeicht unter die Rotte jener Leute gehören,
von denen der heilige Paulus im zweyten Send-
schreiben an den Timotheus im dritten Haupt-
stücke vorgesagt hat : **Es werden Leute**
kommen voller Eigenliebe , geldgeizig ,
hochmüthige Praler, hoffärtig, — laster-
haft, ohne Liebe, ohne Bündniß, Läſtrer,
— ohne Mildigkeit , ohne Güte , auch
gegen die Guten. Verräther , gähe
Frevler, aufgeblaſen — — auf den Schein
andächtig, aber ohne Kraft wahrer An-
dacht, — — — die immerdar lernen ,
und niemals zur Wiſſenſchaft der Wahrheit gelangen. Gleichwie Jannes, und
Mambres dem Moyſes widerſtunden ,
alſo widerſtehen auch dieſe der Wahrheit,
Leute eines verdorbenen Sinnes , und verdorbenen Glaubens. Doch ſetzt der heilige
Paulus , zum Troſte ehrlicher Seelen bey :
Sie werden aber nichts mehr ausrichten;
denn ihr Unverſtand wird jedermann bekannt werden. Und dieſe Wahrſagung, Niederträchtiger! iſt an dir wirklich erfüllet worden.
Dein Unverſtand liegt am Tage, geifere immer,

was

was du willſt, du wirſt keine ehrliche Seele
irre machen, geſchweigens verführen, und an
deines gleichen kannſt du nichts mehr verderben.
Wer immer geſunde Vernunft, und Religion
hat, ſieht es im erſten Anblicke, und ſagt es
dir, und deinen ſauberen Geſellen, daß Schmie=
ren nicht Schreiben, und Schimpfen nicht Be=
weiſen heißt. Seße mich nur, wenn es dir
beliebt, das nächſte Jahr als den größten Phan=
taſten in deinen Allmanach; es wird mir die
größte Ehre ſeyn, neben Männern, die du dar=
inn aufgezeichnet haſt, nur einige wenige
ausgenommen, zu ſtehen. Entdecke nur dei=
nen Namen! Ich werde mir nicht fürchten,
auch den meinen zu entdecken, und dir ohne
Maſke unter die Augen
zu ſtehen.